M. le comte de Boissy-d'Anglas, pair de France, et des Juge[illegible] portés sur Mirabeau par M. le comte Garat et Chénier, 3 vol. [illegible] de 600 pages chacun, ornés d'un beau portrait de Mirabeau, [illegible] par M. Le Mire aîné, et gravé par Me Dequevauviller, et d'[illegible] *simile* de son écriture. Prix : En beau papier fin non satiné, [illegible] En papier fin satiné, 16 fr. 50 c. — En pap. vélin superfin [illegible] portrait avant la lettre et cartonné à la Bradel, 36 fr.

DISCOURS, Opinions et Répliques de Cazalès, précédés d'une [illegible] historique sur sa vie, par Me Chare, avocat, suivis de la Défe[illegible] Louis XVI par Cazalès. 1 vol. in-8o, orné d'un portrait, 3 fr[illegible]

—— de D'Esprémenil, précédés d'une Notice sur sa vie, par le [illegible] de Boissy-d'Anglas. 1 vol. in-8o, 2 fr. 50 c.

PETITE REVUE de l'ouvrage de M. de Delamalle, ayant pour tit[illegible] Essai d'institutions oratoires, à l'usage de ceux qui se destin[illegible] barreau, par M. Parent-Réal. Nouvelle édition, augmentée [illegible] Lettre à M. Benjamin de Constant, sur l'obligation d'improvis[illegible] dans les assemblées législatives. Volume in-8o. Prix : 2 fr. 50.

DOCTRINE SOCIALE, par M. Bonnin. Nouvelle édition, re[illegible] augmentée. 1 vol. in-8o, 3 fr.

ÉTAT ACTUEL DE LA CORSE; caractère et mœurs de ses hab[illegible] par M. Pompei. 1 vol. in-8o, 5 fr.

Cet écrit intéressant est attribué au général Sébastiani.

CONSIDÉRATIONS SUR LA MUSIQUE EN GÉNÉRAL, et [illegible] culièrement sur tout ce qui a rapport à la vocale, avec des obs[illegible] tions sur les différens genres de musique, et sur la possibilité [illegible] prosodie partielle dans la langue française, entremêlées et sui[illegible] quelques Réflexions ou Observations morales; par M. Gérar[illegible] fesseur à l'École royale de musique. 1 vol. in-8o, 3 fr. Carton[illegible] Bradel, 4 fr.

VIE DE BLANCHE DE CASTILLE, reine de France, mère d[illegible] Louis, par la comtesse de Macheco. 1 vol. in-8o, orné du port[illegible] Blanche et d'une médaille. Prix : En pap. fin, 4 fr. En pap. vé[illegible]

LE COMTE DE SAINT-HÉREM, ou ma 50e année, suivi de [illegible] moires de la Comtesse d'Albestrophe, Mère de la Duchesse d'A[illegible] Charlotte Stuard; par la même. 2 vol. in-12 fig. 4 fr.

NOUVEAU MANUEL des Officiers de l'état civil; par M. G[illegible] DUBOURGNEUF, Docteur en droit, Procureur du Roi. 1 vol. [illegible] Prix : 4 fr., et franc de port, 5 fr.

Ce Manuel, utile à tous les maires et adjoints, est indispen[illegible] ceux de la campagne, qui sont presque dans l'impossibilité de [illegible] curer les renseignemens qu'il renferme.

Destiné à éviter de nombreuses recherches, il contient l'analy[illegible] dispositions du Code civil, des lois, décrets, ordonnances, [illegible] tions ministérielles et décisions judiciaires qui ont rapport à l'ét[illegible] en France et hors du royaume, avec des formules et une table [illegible] bétique aussi complète que possible.

RECLAMATION contre l'existence des maisons de jeux de [illegible] adressée à la chambre des pairs par le comte de Boissy-d'Angl[illegible] de ses membres. In-8o, Prix : 1 fr., et franc de port, 1 fr. 50.

LOI
SUR L'ORGANISATION
MUNICIPALE.

de

AUTRES OUVRAGES UTILES

qui se trouvent aux mêmes adresses :

*NOUVEAU MANUEL des Officiers de l'état civil, par J.-A. *Garnier Dubourgneuf*, Docteur en Droit, Procureur du Roi. Troisième édition, augmentée de toutes les Décisions intervenues jusqu'à ce jour. 1 vol. in-12. Prix, 3 fr.

Ce Manuel est indispensable aux Maires et aux adjoints.

LOIS D'INSTRUCTION CRIMINELLE ET PÉNALES, ou Appendice aux Codes criminels, par *J.-A. Garnier Dubourgneuf*, Docteur en droit, Procureur du Roi; et *J. S. Chanoine*, Substitut à Coulommiers. 3 vol. in-8°, avec trois Supplémens contenant les Lois et Ordonnances rendues jusqu'en janvier 1830, de plus de 1,900 pages, 28 fr. Bien relié en 1 vol., 31 fr. *Idem* en 3 vol., 34 fr.

MM. Garnier Dubourgneuf et Chanoine ont pris l'engagement de publier chaque année un Supplément, afin que cet ouvrage soit toujours le plus complet possible en ce qui touche l'organisation judiciaire et la répression des délits. Cette Collection de Lois criminelles a obtenu les suffrages de MM. les Membres de la Cour Royale de Paris, et du Parquet du Tribunal de la Seine, qui en font leur Manuel.

*COMMENTAIRE SUR LE CODE FORESTIER, suivi de l'Ordonnance d'exécution; par les Mêmes. Seconde édition, augmentée, et dans laquelle on trouve toutes les Décisions intervenues jusqu'à ce jour. 1 gros volume in-12, 3 fr.

Avec la matière entrée dans ce volume, il eût été facile d'en faire plusieurs; mais on a préféré employer du caractère menu, et n'en faire qu'un, pour pouvoir le donner à un prix modique.

*LOI RELATIVE A LA PÊCHE FLUVIALE, suivie de l'Ordonnance d'exécution, avec des Notes explicatives. Troisième édition. 1 vol. in-32, 50 c.

MANUEL DES OFFICIERS DU MINISTÈRE PUBLIC; par J.-A. *Garnier Dubourgneuf*. 1 vol. *in*-12 semblable au *Nouveau Manuel des Officiers de l'Etat civil* du même Auteur. Prix, 4 fr. pour les personnes qui se feront inscrire, avant sa mise en vente, chez Kléfer, éditeur, rue de Touraine-S.-Germain, n° 5.

On ne tirera de cet ouvrage que le nombre d'exemplaires indispensable pour servir les Souscripteurs. Il contiendra la matière d'un très-gros volume in-8°.

LOI
SUR L'ORGANISATION MUNICIPALE,

SUIVIE DE

L'ORDONNANCE D'EXÉCUTION

ET DE LA

CHARTE CONSTITUTIONNELLE,

COLLATIONNÉES

SUR LES ÉDITIONS OFFICIELLES,

Avec des Notes;

PAR J.-A. GARNIER DUBOURGNEUF,
DOCTEUR EN DROIT, PROCUREUR DU ROI.

PRIX : 2 FRANCS.

A PARIS,
CHEZ ÉRASME KLEFER, ÉDITEUR,
RUE DE TOURAINE-S.-GERMAIN, N° 5,
ET LES LIBRAIRES DU PALAIS-ROYAL.
1831.

AVIS.

Il a été tiré un petit nombre d'exemplaires de cet ouvrage dans le format in-8°, sur papier collé à grandes marges, propres à recevoir des notes. Prix 2 fr. 75 c.

TABLE DES MATIÈRES

CONTENUES DANS CE VOLUME.

FIN DE LA TABLE.

PRÉAMBULE.

M. Humblot-Conté ayant proposé [1] à la Chambre des Députés un projet de loi sur l'organisation municipale, a développé sa proposition dans la séance du 6 septembre 1830. Il a reproduit, avec quelques modifications, le travail de la commission [2] qui avait été chargée de l'examen de la loi communale présentée, en 1829, par M. le comte de Martignac, ministre

[1] Conformément à l'art. 15 de la Charte constitutionnelle du 14 août 1830, d'après lequel la proposition des lois appartient au Roi et aux Chambres.

[2] Le rapport avait été fait par M. Dupin aîné.

de l'intérieur[1]. Nous avons cru inutile de rapporter le discours de M. Humblot-Conté, qui avait pour objet de justifier les changemens qu'il proposait d'introduire au projet de la commission de 1829, dont, au surplus, il a fait le plus grand éloge.

La proposition a été prise en considération, malgré l'opposition de quelques membres, qui demandaient qu'on en ajournât la discussion ; mais ce n'est que trois mois après, lorsque la Chambre a été complettée par les élections du mois d'octobre, que M. Félix Faure a fait, au nom de la commission désignée pour examiner cette proposition, le rapport que nous donnons ci-après. Ce travail fait suffisamment connaître le projet primitif, et les modifica-

[1] Le ministre avait présenté, en même temps, un projet de loi départementale.

tions qui avaient paru nécessaires à la commission : des notes indiquent les changemens qui ont eu lieu par suite de la discussion. — La Loi communale a été adoptée par la Chambre des Députés le 17 février 1831, à la majorité de 252 voix contre 86. — Elle a été adressée à la Chambre des Pairs le 19 du même mois. — La commission chargée de l'examiner a nommé pour rapporteur M. le duc de Praslin. — Le rapport a été fait dans la séance du 1er mars 1831; on le trouvera à la suite de celui de M. Félix Faure. — La loi a été adoptée, sans aucun amendement, par la Chambre des Pairs, le 4 mars, à la majorité de 95 voix contre 4. — Elle a été sanctionnée le 21 mars 1831, et promulguée le 23.

Après les rapports de MM. Félix Faure et de Praslin, nous donnons le texte de la loi, et à la suite de chaque article des notes contenant le résumé des discussions, la solution ou l'indication de quelques questions, et des rapprochemens avec l'ancienne législation.

CHAMBRE DES DÉPUTÉS.

RAPPORT fait par M. *Félix Faure*, au nom de la commission chargée de l'examen de la proposition de M. Humblot-Conté, relative à l'organisation municipale.

(*Séance du 29 décembre* 1831[1]).

MESSIEURS,

Je n'essaierai point de faire ressortir l'importance de la loi dont la discussion va vous occuper.

Les institutions municipales touchent presque immédiatement à nos affaires domestiques, à nos intérêts les plus chers et les plus intimes. De leur perfection dépend en grande partie la plus précieuse de nos libertés, la liberté civile. Réclamées depuis long-temps avec une ardeur qui en indique le pressant besoin, promises lors du contrat solennel qui lie les Français à leur Roi, la loi qui les renferme est attendue avec une impatience qui atteste assez combien on est pénétré de l'influence

[1] *Moniteur* des 2 et 3 janvier 1831.

qu'elle doit avoir sur la prospérité, la liberté, le bonheur de la France.

Je crois également inutile de retracer l'historique des divers projets qui ont été présentés jusqu'à ce jour. On n'a pu oublier leur stérile résultat. Vainement les auteurs de ces projets et les hommes habiles qui furent chargés de les perfectionner, s'efforcèrent-ils de les féconder. Un succès complet était impossible. Un gouvernement ombrageux qui, loin d'entrer dans les voies d'amélioration et de liberté où l'appelait l'opinion publique, regrettait, sous le nom de concession, ce qui nous avait été laissé de nos droits, et n'aspirait qu'à nous en ravir le reste, n'eût jamais permis l'application des véritables principes.

La commission dont j'ai l'honneur d'être l'organe, Messieurs, a été placée sous des auspices plus favorables. Chargée de l'examen d'un projet de loi que nous devons au patriotisme d'un de nos honorables collègues, elle n'a eu d'autres difficultés à vaincre que celles qui naissent de la nature même des choses. Le gouvernement actuel se prête à tout ce qui peut consolider, augmenter même les droits des Français. Il va au-devant de tout ce qui peut concourir au développement d'une saine liberté.

C'est animée du même esprit, Messieurs, que votre commission, après un examen consciencieux et approfondi, s'est déterminée à adopter les dispositions dans l'analyse desquelles je vais entrer bientôt.

L'art. 69 de la Charte porte :

« Il sera pourvu, par des lois séparées, » et dans le plus court délai possible....., » à des institutions départementales et mu» nicipales *fondées sur un système élec» tif.* »

C'est donc, Messieurs, un article de notre Charte qu'il s'agit de développer, et de développer *dans l'intérêt de la liberté civile.*

C'est le système électif dont vous allez faire une application de plus : ce sont des droits politiques que vous allez créer, ou, si l'on veut, régulariser en faveur d'un certain nombre de citoyens; c'est, en un mot, *la liberté politique que vous allez étendre.*

Messieurs, c'est dans ces idées si simples, c'est à une source si pure que votre commission a puisé les principes qui l'ont constamment dirigée.

Le but qu'il ne fallait pas perdre de vue, celui qu'indique l'intérêt général, c'était de parvenir, à l'aide des élections, aux meilleurs choix possibles; le contraire ne pourrait arriver sans compromettre notre liberté civile.

La distribution des droits politiques étant le moyen d'atteindre ce but, nous avons cherché à les étendre jusqu'à cette limite au-delà de laquelle naîtrait le danger des mauvais choix.

Enfin, pour nous assurer la jouissance de notre liberté civile et de notre liberté politique, qui n'ont de base solide que dans l'exécution des lois, il fallait conserver au pouvoir chargé de cette exécution toute l'action qui lui est nécessaire, et dont la Charte prescrit aussi l'étendue.

J'aurai occasion de revenir sur ces principes adoptés par votre commission, et dont il me paraît difficile de contester la solidité.

Messieurs, le projet primitif, tel qu'il vous a été présenté par notre honorable collègue M. Humblot-Conté, était composé, vous le savez, de deux grandes divisions presque égales, dont la première, relative à l'organisation, la seconde aux attributions des corps municipaux.

Votre commission, après en avoir conféré avec M. le ministre de l'intérieur, a pensé que, pour réaliser plus tôt les promesses de la Charte, qui exige l'introduction du système électif dans le plus court délai, et en même temps pour répondre plus promptement au besoin qui se fait sentir de cette organisation, vous approuveriez que ces deux objets fussent séparés; que la première partie vous fût d'abord soumise, et précédât, quoique de peu de temps, celle qui fixe les attributions des corps municipaux.

Le ministère s'occupe d'une loi départementale. Il y a, vous le savez, entre les attributions de l'administration départementale et celles de l'administration municipale, des rapports tels, qu'il semblerait utile de ne les fixer qu'en présence, pour ainsi dire, les uns des autres, afin de ne pas nuire à l'unité de vues, de principes qui doit animer les deux lois municipale et départementale. Peut-être, si le temps et l'impatience avec laquelle on les attend l'avaient permis, eût-il été à désirer que ces deux lois eussent été présentées ensemble.

Il en serait résulté, entre autres avantages, que les institutions destinées à Paris, qui (telles qu'elles existent aujourd'hui), semblent se mieux rattacher à la loi départementale qu'à celle qui va vous occuper (puisque le conseil général y remplit les fonctions de conseil municipal, et que le véritable maire de Paris est le préfet de la Seine), que ces institutions, dis-je, auraient pu faire partie de la loi présentée, et servir comme de transition de l'une à l'autre administration.

Ce qu'on n'a pas pu faire pour l'organisation pourra peut-être s'exécuter pour les attributions; et d'ailleurs, ce n'est pas contre les attributions actuelles que les plaintes les plus vives s'étaient élevées. Elles sont sans doute susceptibles de modifications importantes, mais, tout imparfaites qu'elles soient, elles recevront, elles ont reçu déjà une amélioration sensible dans leur effet, par le changement du personnel des administrations municipales. C'est donc sans que la chose publique en souffre, que l'examen de cette partie de la loi peut être renvoyé à une époque prochaine, où vous serez moins préoccupés du soin de donner à la France des lois plus pressantes encore.

Et en conséquence, Messieurs, le rapport que vous allez entendre ne portant que sur la composition du corps municipal, se réduit à l'examen de 49 articles, renfermés dans un titre unique divisé en quatre chapitres, dont le second et le troisième sont subdivisés en deux sections.

Je vais en parcourir toutes les parties, en fixant votre attention sur les dispositions les plus saillantes, et plus particulièrement sur celles que votre commission y a nouvellement introduites.

A la tête du projet de loi primitif se trouvait un premier titre renfermant une division générale des communes en communes urbaines et communes rurales.

Cette division générale a été supprimée par votre commission. Il aurait fallu, pour la conserver, que la nécessité s'en fît sentir dans les autres dispositions du projet; or, un examen attentif a démontré qu'on pouvait facilement s'en passer, en s'attachant uniquement à une autre classification, indispensable d'ailleurs, celle résultant de la population.

L'inutilité démontrée eût suffi pour entraîner la suppression; mais on évite en même temps des inconvéniens assez graves. Ce titre de *commune urbaine*, accordé par le projet de loi à des communes d'une population plus faible que celle d'autres communes qui ne l'auraient pas obtenu, pouvait devenir entre elles une cause de jalousie; la qualité de commune urbaine obligeait, dans certains cas, par une anomalie fâcheuse, d'accorder un nombre de conseillers municipaux hors de proportion avec la population; enfin, la classification de certaines communes (des places fortes, par exemple) était embarrassante.

Ce titre premier a donc été effacé avec les dispositions qu'il renfermait. La loi y gagnera en clarté, en simplicité : tout ce qui regarde l'organisation est réduit ainsi à un titre unique, divisé en quatre chapitres.

Dans le premier de ces chapitres, qui renferme les règles sur la composition du corps municipal, la nomination du maire et des adjoints attirera d'abord votre attention.

Votre commission, Messieurs, a adopté le principe du projet de loi qui fait concourir le choix du Roi avec celui des électeurs.

Ceux-ci nomment les conseillers municipaux, et le Roi choisit parmi ces derniers le maire et les adjoints par une ordonnance dans les communes au-dessus de 3,000 habitans [1], par un arrêté du préfet dans les communes au-dessous.

Messieurs, ce mode de nomination n'a point été combattu au sein de votre com-

[1] Ainsi que dans les chefs-lieux d'arrondissement. Voyez le Rapport à la Chambre des Pairs, ci-après, p. 55 et suivantes, les dispositions de l'article 3 de la loi et les notes.

mission, et elle ose se flatter qu'elle réunira aussi vos suffrages.

A ceux, Messieurs, qui manifesteraient la crainte qu'il en résultât quelque gêne dans l'exercice de la prérogative royale, nous répondrons franchement que tout dépend du choix des membres du conseil municipal, et par conséquent du résultat des élections. En effet, le Roi ne nomme réellement, ne peut nommer que sur des présentations. Or, si les élections sont faites, comme nous l'espérons, par des hommes éclairés, patriotes, indépendans, assez nombreux pour représenter la commune, sans l'être tellement que la partie la moins éclairée puisse dominer, le Roi trouvera dans les candidats ainsi présentés des garanties bien autrement sûres que celles que pourraient offrir les présentations actuelles, qui sont nécessairement l'ouvrage des préfets, et le plus souvent des bureaux de la préfecture. La prérogative royale y gagnera donc de toute la supériorité de ces nouvelles désignatoins sur les anciennes.

Mais si le nombre et la composition des électeurs étaient tels que la brigue et les passions pussent influer sur le choix des officiers municipaux, sans doute alors il y aurait dommage pour la prérogative royale;

mais il y aurait bien plus grand dommage pour les prérogatives du pays, car il lui faut de bons choix : c'est le but principal de la présente loi; et, s'il était manqué, les suites en seraient désastreuses pour la France entière.

A ceux qui voudraient qu'aux électeurs seuls appartînt la nomination, il faut répondre que ce serait méconnaître entièrement la nature des fonctions de maire.

On ne peut nier qu'il n'y ait délégation du pouvoir royal, en ce sens que le maire est chargé de l'exécution de certaines lois, qu'il est revêtu sous ce rapport d'un véritable emploi d'administration publique, dont la nomination est réservée au Roi par l'article 13 de la Charte.

Mais un maire n'est pas seulement administrateur, il exerce parfois quelques portions du pouvoir judiciaire ; il dispose d'un des élémens de la force publique.

Du pouvoir judiciaire, car, d'après nos Codes, non-seulement les maires sont comptés parmi les officiers de police judiciaire, mais quelques-uns ont une juridiction bornée, il est vrai, aux simples contraventions, mais enfin tendant à la distribution de cette justice qui, selon l'article 48 de la Charte, émane toute du Roi.

Enfin, il dispose *d'un des élémens de la force publique*, car l'article 6 de la loi sur la garde nationale, que vous venez de voter, place les gardes nationales de chaque commune sous l'autorité du maire; or, ce serait vainement que la Charte déclarerait que le Roi commande nos forces de terre et de mer, si la plus essentielle de ces forces, celle qui est éminemment nationale, était sous l'autorité de fonctionnaires publics, au choix desquels le Roi n'aurait aucune participation.

Sous ces divers rapports, le Roi ne peut être étranger à l'élection des maires.

Mais d'un autre côté aussi le maire est le mandataire, le gérant de la commune, le chef de la famille municipale, si je puis m'exprimer ainsi; c'est lui qui est chargé de diriger, de défendre, sous l'influence légitime du conseil municipal, les intérêts des habitans. Il est aisé de sentir combien l'exercice de ces divers pouvoirs lui deviendra plus facile, avec quel avantage il pourra agir sur l'esprit de ses administrés, aidé de la double autorité résultant pour lui du suffrage de ses compatriotes uni au choix du souverain. Or, cette autorité, ces avantages lui sont nécessaires pour que l'exécution des lois et réglemens éprouve le moins d'obstacles, cause le moins de froissemens possible.

J'hésite, Messieurs, à vous entretenir d'un système mixte, qui consiste à avoir un maire élu par les électeurs, comme les conseillers municipaux dont il serait le président, et qui serait réduit à des fonctions purement municipales, en laissant à un commissaire du Gouvernement, choisi par le Roi, toutes les fonctions dérivant du pouvoir exécutif.

Cette division du pouvoir entre deux fonctionnaires différens aurait le fâcheux résultat d'affaiblir pour tous deux l'autorité réelle et morale, nécessaire à la bonne administration des communes.

L'autorité réelle est évidemment affaiblie par le partage même des fonctions. L'autorité morale le serait par la collision qui naîtrait le plus souvent entre les deux fonctionnaires, par les semences de discorde jetées dans le conseil municipal, dont les membres pourraient favoriser, les uns le maire, les autres le commissaire du Roi. Enfin, ce commissaire, quelle influence pourrait-il avoir, soit au sein du conseil, dont l'origine serait populaire, soit sur la population même dont il ne serait pas le choix? Les difficultés se multiplieraient pour lui, et l'on trouverait peu de sujets qui acceptassent de telles fonctions si elles étaient gratuites; payées, la dépense serait énorme.

Votre commission ne s'est point arrêtée à ce système, qui a d'ailleurs contre lui l'essai malheureux qu'en a fait une de nos anciennes constitutions (celle de l'an III).

C'est au contraire pour fortifier cette autorité morale, si précieuse, si nécessaire [1] que le même article 2, porte que le maire et les adjoints ne cessent point de faire partie du conseil municipal.

Ici, nous considérons, dans le maire, plutôt le choix de la commune, le président du conseil municipal, que l'homme du Gouvernement.

De plus, nous ferons remarquer que le droit de délibérer dans les conseils municipaux leur a été accordé jusqu'à ce jour, et que l'abus en est bien moins à craindre maintenant; car s'ils n'en usaient pas dans l'intérêt général, si cet intérêt était par eux sacrifié à des influences étrangères, la confiance et les suffrages des électeurs qui leur ont valu le poste honorable qu'ils occupent, leur seraient bientôt retirés avec le poste lui-même.

Nous avons les mêmes motifs de sécu-

[1] Art. 3, § 3 de la loi.

rité pour les adjoints; et si on ne leur accordait pas le droit de délibérer et de continuer à faire partie du conseil municipal, il serait fort à craindre que de nombreux refus ne rendissent la nomination des adjoints extrêmement difficile.

Ici, Messieurs, je dois vous faire remarquer une des conséquences de cette disposition, qui fixe sur la même tête la qualité de maire ou d'adjoint, et celle de conseiller municipal.

Du droit de nommer, qui appartient au Roi, dérive nécessairement le droit de suspendre ou de révoquer. La loi accorde aux préfets le premier droit seulement; elle exige une ordonnance du Roi pour prononcer la révocation [1]. Mais, dans ce cas, le maire ou l'adjoint ne discontinuent pas de faire partie du conseil municipal. Le Roi peut retirer seulement la partie de son autorité qu'il a déléguée, mais sans toucher à la délégation faite par les électeurs (sauf toutefois le cas de dissolution de tout le conseil, prévu par l'art 25 [2]). Si donc la révocation a lieu, le Roi choisira le nouveau maire parmi les autres membres du conseil, dont le nombre restant ainsi le

[1] Voyez art. 3, § 4 de la loi.

[2] Art. 27 de la loi.

même, ne nécessitera point une nouvelle élection.

Je dois vous entretenir d'un autre changement qui se présente dans l'ordre naturel comme dans celui de l'importance; c'est celui qui soumet le maire et les adjoints à être réélus tous les trois ans [1], et non pas tous les six ans, comme le voulait le projet.

Votre commission a vu peu d'inconvéniens dans le rapprochement des époques de réélection, lorsque le maire et les adjoints administrent à la satisfaction générale, puisqu'ils seront alors infailliblement réélus et par les électeurs et par le Roi. Elle y voit un grand avantage quand l'administration est mauvaise ou déplaît à la majorité, puisque le personnel en sera plus tôt changé.

D'ailleurs, les maires et adjoints ne cessant point de faire partie du conseil municipal, cette disposition nouvelle rendra plus facile l'exécution de l'article 17 [2], qui en prescrit le renouvellement par moitié tous les trois ans.

La réélection des maires et des adjoints

[1] Voyez art. 4 de la loi et les notes.

[2] Voyez cet article et les notes.

ayant lieu complètement et simultanément tous les trois ans, a entraîné aussi dans l'article 5 [1], destiné à fixer l'ordre suivant lequel les adjoints, au défaut d'adjoints les conseillers municipaux, seront appelés à remplacer le maire, une légère altération dont les motifs se saisissent à la simple lecture.

Enfin, dans l'article 6, nous avons rangé parmi les fonctions incompatibles avec celles de maire et d'adjoint, celles de commissaire et agent de police, disposition qui porte avec elle ses motifs et sa justification.

Le chapitre II traite des conseils municipaux; la section 1re s'occupe de leur composition, la section 2e de leurs assemblées.

C'est dans cette section 1re, Messieurs, que se rencontre la partie la plus délicate et la plus difficile de la loi; celle où vous aurez à fixer les conditions exigées pour être électeur ou éligible.

Les principales sont l'âge, le cens, le domicile. Point de difficulté sur la première, fort peu sur la dernière, mais la seconde (la fixation du cens) exige la plus

[1] Voyez cet article et les notes.

sérieuse attention. Elle renferme tout l'avenir de la loi.

Messieurs, avant d'entrer dans l'exposé du parti auquel s'est arrêtée votre commission, et des motifs qui l'ont déterminée, je dois vous présenter une courte remarque sur l'art. 9, qui indique le nombre de membres dont sera composé chaque conseil municipal.

La suppression de la distinction des communes en rurales et urbaines a permis de soumettre ce nombre à une règle uniforme et plus exacte, basée seulement sur la population; et si, au premier aperçu, le nombre des conseillers municipaux semble plus considérable, c'est que, d'après le principe adopté par la commission, le maire et les adjoints y étant compris, il a fallu réellement grossir le nombre des élus, quoique le corps municipal n'éprouve aucune augmentation; car lorsque le choix du Roi aura désigné parmi les élus les maires et les adjoints, le nombre des conseillers municipaux restera à peu près le même que dans le projet primitif.

Messieurs, c'est l'article 11 [1] qui règle la

[1] Voyez cet article et les notes.

proportion dans laquelle doivent être appelés les habitans les plus imposés de chaque commune, et dans quelles classes de citoyens peuvent se trouver certaines garanties équivalentes à celles dont la propriété donne la présomption. C'est l'art. 11 qui a excité les débats les plus vifs depuis qu'on s'occupe d'un projet de loi municipale.

L'histoire des progrès de cette sorte de lutte depuis la première proposition jusqu'à ce jour, ne serait peut-être pas sans intérêt; mais comme les détails en seraient plus curieux qu'utiles, je me bornerai à développer un peu plus les principes indiqués en commençant ce rapport, et qui ont servi de guides à votre commission.

Nous l'avons dit, Messieurs, il s'agit de l'extension de nos *droits politiques*, c'est le *moyen;* afin d'obtenir les choix les plus favorables à la *liberté civile*, c'est le *but*.

Or, il ne faut pas se laisser abuser par ce mot *droits;* il faut se pénétrer (surtout quand il s'agit de droits politiques) qu'à côté du droit est toujours le *devoir;* et, qu'au fond, les droits politiques sont de véritables fonctions publiques qui, ainsi que toutes les autres, ne doivent être accordées que dans l'intérêt général.

Il faut bien se garder de confondre,

comme on le fait trop souvent, les droits ou la liberté politiques avec la liberté civile; celle-ci appartient réellement à tous. Elle est le droit de trente-deux millions de Français de tout âge, de tout sexe; et c'est ce qu'exprimait naguère, avec son énergie accoutumée, un illustre orateur [1] récemment enlevé à cette tribune dont il était l'ornement, en affirmant que *même un mendiant avait des droits qu'on devait respecter.* Oui! quand il s'agit de liberté civile.

Mais les droits politiques non-seulement n'appartiennent pas à tous, mais ils ne sont, *ils ne peuvent être,* nulle part, le partage de la majorité. Car les femmes, les mineurs, tous ceux, en un mot, qai ne peuvent remplir les devoirs attachés aux droits, en sont nécessairement exclus; et, partout, ces diverses classes d'individus composent au moins les trois quarts de la population.

Et dans la minorité qui reste, les droits politiques ne doivent pas être distribués pour flatter la vanité ou les passions de cette minorité; il ne doivent être répartis qu'avec les précautions qu'exigent l'intérêt général.

Or, ce principe d'intérêt général veut

[1] Benjamin Constant.

impérieusement que des conditions soient imposées à l'exercice de certains droits politiques, et proportionnées à l'importance de ces droits. Sans doute que nul citoyen ne doit être exclu d'une manière absolue; il faut que tous y soient *admissibles* conformément à notre droit public. Ainsi, les priviléges de castes, de naissance, doivent être écartés, parce qu'ils sont l'ouvrage du hasard seul, et que nul ne pourrait corriger ce hasard; mais des garanties attachées soit à certaines professions, d'où résulte présomption d'instruction et de capacité; soit au paiement d'un certain cens, d'où résulte la présomption de l'indépendance attachée à une honnête aisance, ces garanties, dis-je, n'ont rien d'odieux, puisque tout citoyen, en suivant une carrière quelconque, avec probité, intelligence et application, peut se les approprier et remplir ainsi les conditions exigées par le législateur.

Pour appliquer ces principes (qui vous sont si familiers, Messieurs, et que je serais honteux de rappeler, si trop souvent on ne les oubliait hors de cette enceinte); pour appliquer ces principes à la loi qui vous occupe, notre premier soin doit être de bien nous fixer sur le but qu'elle doit atteindre.

Je ne saurais mieux l'indiquer qu'en rappelant ici ce que vous disait un des rapporteurs de cette même loi :

« La loi municipale sera bonne ou mau-
» vaise, en raison de la qualité des personnes
» qu'elle doit appeler à la gestion des inté-
» rêts de la communauté; de leur patrio-
» tisme, de leur attachement à nos institu-
» tions, de leur dévouement personnel à
» tout ce qui peut augmenter le bien-être
» de leurs concitoyens. »

C'est donc à obtenir ces bons choix que doivent tendre tous nos efforts, et votre commission espère, Messieurs, par les modifications qu'elle a fait subir à l'article 11, avoir satisfait à la fois et au besoin reconnu d'étendre les droits politiques, et à la prudence, qui ne permet pas d'abandonner la composition des corps municipaux aux passions si facilement excitées dans les assemblées trop nombreuses.

Les électeurs seront pris dans les deux classes de citoyens désignées plus haut. L'une, offrant, par le paiement du cens, la présomption d'une indépendante aisance et de l'instruction qui en est la suite ordinaire; l'autre, présentant des garanties d'expérience et de capacité résultant d'épreuves subies, de marques de confiance déjà reçues de leurs concitoyens, ou de services rendus à la patrie. Mais votre commission a cru devoir, particulièrement pour la première classe, celle des plus imposés, élargir les bases auxquelles on s'était arrêté jusqu'à ce jour.

Ainsi, pour la population de çinq cents âmes et au-dessous, le projet de loi appelait comme électeurs les trente plus imposés (nombre fixe); cela suffirait sans doute pour les communes de deux cents âmes et au-dessous; aussi verrez-vous par la suite que votre commission a conservé le chiffre de trente comme *minimum* [1]; mais c'était peu pour cinq cents habitans. La commission a adopté une proportion préférable, en appelant un dixième de la population pour les communes de mille âmes et au-dessous.

Ce nombre devra s'accroître ensuite de quatre pour cent de mille à cinq mille habitans; de trois pour cent de cinq mille jusqu'à quinze mille habitans; enfin, de deux pour cent depuis quinze mille jusqu'aux populations les plus élevées [2].

Vous voyez, Messieurs, que par cet amendement, non-seulement on introduit un bien plus grand nombre d'électeurs, mais que votre commission, par la gradation observée à mesure que la population

[1] Voyez art. 12 de la loi.

[2] Ce nombre a été augmenté par la Chambre des députés. Voyez art. 11 de la loi.

s'élève, a été fidèle au principe indiqué plus haut de proportionner les conditions à l'importance du droit.

Pour les communes d'une faible population dont les affaires sont simples et le budget peu riche, on peut être moins sévère et admettre un plus grand nombre d'électeurs. Aussi votre commission croit avoir été aussi facile que la prudence le permettait; mais à mesure que la population augmente, pour les villes considérables comme Lyon, par exemple, qui a un budget de plus de trois millions et une administration compliquée, il y aurait danger évident à ce que les assemblées fussent trop nombreuses; et cependant vous allez voir à l'instant qu'en y réunissant la seconde classe comprise dans la liste d'adjonctions, le nombre des électeurs sera fort grand.

Dans cette seconde classe, votre commission a fait deux changemens dont je dois vous rendre compte. Le premier consiste à introduire parmi les électeurs les officiers de la garde nationale. L'honorable marque de confiance à laquelle ils doivent leurs grades justifie suffisamment cette nouvelle adjonction.

Le second s'applique aux officiers de terre et de mer. Selon l'ancien projet, il fallait la jouisssance d'une pension de retraite de 1,200 fr. pour qu'ils figurassent parmi les électeurs des communes urbaines, et on ne s'en était point occupé pour les élections des communes rurales. Une pension de 600 fr.[1] suffira dorénavant pour les appeler parmi les électeurs, quelle que soit la population de la commune où ils résident.

Cette seconde classe d'électeurs augmentera[2] sensiblement (surtout dans les villes) la liste générale; on peut estimer qu'elle s'élèvera du quart au tiers de la liste des plus imposés. D'après ces bases, une ville de cinq mille âmes aura plus de trois cents électeurs: dans celles de quinze mille, les électeurs dépasseront le nombre de sept cents : les villes de cent mille habitans en auront plus de trois mille; et la population de Lyon (sans y comprendre ses trois faubourgs) sera représentée par environ quatre mille électeurs.

Messieurs, en élargissant dans les proportions que je viens d'indiquer, les rangs des électeurs, votre commission espère n'avoir pas dépassé le point où l'extension des

[1] La loi ne fixe point le montant de la pension.

[2] La Chambre des députés a augmenté le nombre des adjonctions. Voy. art. 11 de la loi.

droits politiques irait jusqu'à compromettre la bonté des choix.

Obligée, pour déterminer ce point au-delà duquel il y aurait péril, d'adopter des règles générales fondées sur des probabilités, et applicables (il ne faut pas l'oublier) à toutes les parties de la France, riches ou pauvres, ignorantes ou éclairées, elle ose se flatter d'avoir compris parmi les électeurs tous ceux qu'il est désirable d'y voir introduire.

Cependant, il ne faut point l'oublier, il en est des droits politiques comme des droits civils; on ne peut se décider que par des présomptions générales. Ainsi, quand nos lois civiles fixent la majorité à vingt-un ans, cela ne veut pas dire qu'il ne puisse exister des hommes de vingt ou même de dix-neuf ans, bien supérieurs en sagesse et en maturité à beaucoup d'hommes de quarante. Mais c'est que l'expérience prouve que la règle est utile au plus grand nombre.

L'article 12 renferme une disposition nouvelle[1]. C'est celle qui fixe à 10 francs la quotité des contributions au-dessous de laquelle on ne pourra (au titre seul de plus imposé) être placé sur la liste des électeurs.

[1] Cette disposition a été changée. Voyez les notes sur l'art. 12.

Ce n'est sûrement pas être trop exigeant que d'abaisser la garantie d'indépendance jusqu'à 10 francs. Cependant, pour que le nombre des électeurs, dans les communes rurales, pauvres et peu populeuses, ne s'abaisse pas jusqu'au niveau des éligibles, qui seraient alors nécessairement électeurs et élus, le même article dispose que dans aucun cas le nombre des électeurs ne pourra être moindre de trente, bien entendu cependant que la qualité de citoyen sera toujours exigée.

Enfin, l'article 15[1] permet aux électeurs de choisir le quart du conseil municipal parmi des citoyens domiciliés hors de la commune, pourvu que ces candidats forains soient toutefois électeurs dans le lieu de leur propre domicile : mais les trois quarts des membres du conseil municipal seront toujours composés d'électeurs domiciliés dans la commune. Cette faculté peut être utile dans des localités où les candidats capables seraient rares, et elle ne peut offrir de danger avec les limites que la loi lui prescrit et celle que l'abus trouverait naturellement dans l'intérêt des électeurs eux-mêmes.

La crainte de restreindre le choix du

[1] Voyez cet article et les notes.

Roi (par suite de la condition de domicile imposée au maire) n'a point arrêté votre commission, parce que, en ce cas, si l'électeur non domicilié à qui l'on destinerait ces fonctions est réellement animé du zèle nécessaire pour s'en bien acquitter, il lui sera toujours possible de remplir cette condition en établissant son domicile réel dans la commune où se fait l'élection; mais si une condition si facile arrête son zèle, il est probable que son administration sera peu à regretter.

L'article suivant (l'article 16) veut que les deux tiers des conseillers municipaux soient choisis parmi les plus imposés; l'autre tiers pourra l'être sur la totalité de la liste. Les motifs de cette disposition sont faciles à saisir. Il ne faut pas oublier que, quoiqu'on ne puisse méconnaître un fond d'intérêt politique attaché à la composition des corps municipaux, cependant le principal but de l'institution, surtout des conseils municipaux, est la surveillance des intérêts purement civils de la commune. C'est particulièrement la direction de ces intérêts, la fixation des dépenses et les moyens d'y pourvoir qui seront confiés au corps municipal. Or, n'est-il pas naturel que ceux qui fournissent la portion la plus considérable des fonds destinés à ces dépenses aient une influence plus grande, une influence de majorité sur le choix des membres de ce corps?

Après avoir indiqué, dans la 1re section, comment se composent les conseils municipaux, la loi fixe, dans la section 2e, tout ce qui est relatif à leurs assemblées, quant aux époques, au mode de convocation, aux incompatibilités de ces fonctions avec quelques autres, à la dissolution des conseils municipaux dans certains cas.

D'après l'article 19[1], l'époque des sessions annuelles sera le 1er mai; c'est celle qui est actuellement fixée, et aucune plainte ne s'est élevée.

Pour les communes rurales, c'est le temps qui précède les moissons, et celui où les membres du conseil seront plus libres. De plus, l'examen des comptes de l'administration devant être un des principaux objets de la session, il faut avoir eu le loisir de préparer tous les élémens de ces comptes, ce qui eût été difficile le 10 janvier, époque indiquée par le projet; et il en résultait encore cet inconvénient qu'on est alors trop éloigné du temps auquel s'applique le budget de l'année suivante, bud-

[1] Voyez art. 23 de la loi.

get qui doit satisfaire à des besoins qu'il est difficile de connaître si long-temps d'avance. Ces considérations ont déterminé le maintien de l'usage actuel.

Votre commission a cru aussi qu'une durée de quinze jours [1] suffisait à la session, surtout avec la faculté accordée au préfet ou au sous-préfet d'autoriser la convocation toutes les fois qu'il le jugerait utile, sur la demande du maire. Vous savez que, dans le cas où celui-ci se refuserait à cette demande, le tiers des membres du conseil municipal a le droit de la former, et que le préfet ne pourra refuser que par un arrêté motivé, dont les réclamans peuvent appeler au Roi [2].

Dans l'article 21 [3], votre commission a introduit un changement que l'expérience semble réclamer. Au lieu des deux tiers des membres en exercice, dont le projet de loi exigeait la présence pour la validité des délibérations, la simple majorité suffirait dorénavant. En exigeant au-delà de la majorité, la difficulté de se réunir obligeait, ou de renvoyer la délibération sur des questions qui eussent exigé une prompte

[1] Chaque session ne peut durer que dix jours. Voyez art. 23 de la loi.

[2] Art. 24, § 4.

[3] Art. 25 de la loi.

solution, ou le plus souvent, de délibérer sans être en nombre suffisant, en faisant approuver la délibération par l'apposition de la signature des membres absens. Il en résultait des abus auxquels nous espérons que la nouvelle disposition (fondée d'ailleurs sur ce qui s'observe dans les conseils généraux de département, et pour vos propres délibérations) apportera remède [1].

Une addition plus importante a été faite à l'article 25 [2]. Vous savez, Messieurs, que, d'après cet article, le Roi a le droit de dissoudre tout conseil municipal; vous savez que quatre mois sont accordés pour procéder à une réélection; la loi suppose, avec raison, que le Gouvernement n'usera de ce droit que pour les causes graves; elle veut alors qu'un délai puisse laisser aux esprits le temps de se calmer avant de procéder à de nouvelles élections; cette disposition est donc prudente et sage.

Toutefois, il pouvait en résulter un mal auquel il fallait remédier.

Le conseil municipal dissous, il ne reste que le maire et les adjoints, mais cependant, le cas serait possible, et il est indispensable de le prévoir, où ceux-ci ayant

[1] Voyez les notes sur les art. 24 et 25.

[2] Art. 27 de la loi.

participé aux actes qui déterminent sa dissolution, seraient eux-mêmes révoqués; de plus, dans cet intervalle de quatre mois, il peut devenir nécessaire de les remplacer pour cause de mort, démission, etc. Or, le choix du Roi étant renfermé dans le cercle des conseillers municipaux, serait impossible à réaliser faute de candidats jusqu'à la réélection. Que deviendraient les registres de l'état civil, la police, l'administration, enfin, pendant ce temps, qui peut se prolonger quatre mois?

Il y avait donc lacune évidente. Votre commission a cru devoir la remplir au moyen d'une disposition qui, dans ces divers cas, accorde au Roi ou au préfet, en son nom, le droit de désigner (parmi les électeurs de la commune) [1] les citoyens qui rempliront provisoirement les fonctions de maire et d'adjoint jusqu'à la réélection.

L'article 27 [2] a été aussi modifié, afin d'expliquer plus nettement qu'il ne suffisait pas d'avoir fait partie d'une assemblée illégale du conseil municipal, qu'il fallait avoir participé sciemment aux actes punissables par la loi, pour être exposé à des poursuites judiciaires.

[1] Art. 27 de la loi.
[2] Art. 29 de la loi.

Nous voici arrivés, Messieurs, aux deux derniers chapitres, dans lesquels est tracé le mode d'exécution de la loi, son mécanisme, pour ainsi dire.

Ainsi, la confection des listes, la marche à suivre pour faire droit aux réclamations qu'elles peuvent provoquer, les convocations des assemblées électorales, leur division en sections, l'ordre qui doit y régner, la forme et les conditions prescrites pour la régularité de leurs opérations, le jugement des difficultés qui pourraient s'élever au sujet de ces mêmes opérations, tels sont les objets traités par le chapitre III. Le quatrième et dernier ne renferme que des dispositions transitoires auxquelles on a pu, sous l'ancien ordre de choses, attacher une importance que les circonstances actuelles ont fait disparaître. Il suffit de lire ces diverses dispositions; une analyse plus détaillée serait fastidieuse.

Je me crois obligé seulement de vous signaler deux changemens adoptés par votre commission.

Le premier, dans l'article 42[1], est relatif

[1] Art. 44 de la loi.

au nombre de sections dans lesquelles sont divisées les assemblées électorales des grandes villes. L'ancien projet avait pris pour base la distinction effacée des communes rurales et urbaines, et le nombre des conseillers municipaux.

Votre commission y a substitué la proportion plus simple, plus rationnelle, du nombre des habitans.

Inutile sans doute, Messieurs, d'insister sur les motifs qui nous ont fait adopter cette division en sections.

A l'avantage évident d'amener dans le conseil une représentation plus égale de tous les quartiers d'une grande ville, se joint la nécessité résultant du nombre des électeurs. Dans une ville de quatre mille électeurs, par exemple, en comptant seulement pour l'appel le vote et le dépouillement de trente-six noms, cinq minutes par électeur, il faudrait plus de trente-trois jours, en employant dix heures par jour pour terminer les élections.

Le second changement, qui porte sur une lacune à remplir, a été fait pour le cas d'annulation des opérations d'une assemblée électorale; alors, pour que l'administration ne soit pas abandonnée jusqu'au résultat plus régulier d'une seconde assemblée, un dernier paragraphe, ajouté à l'article 48 [1], décide que l'ancien conseil restera en fonctions jusqu'à l'installation du nouveau.

Mais, Messieurs, si le mécanisme des élections n'est pas susceptible d'analyse, les formes proposées, qui se rapprochent et doivent se rapprocher beaucoup de celles employées pour l'élection des députés, font naître de sérieuses réflexions.

Les mêmes formes seront nécessairement applicables aux trente-sept mille communes de France; et, cependant, on ne peut se dissimuler que, lorsqu'on en viendra à l'exécution, ce sera bien fréquemment qu'on aura à déplorer l'absence des premiers élémens de l'instruction primaire. Dans une multitude de petites communes, le choix des présidens, secrétaires, scrutateurs, la confection des bulletins des listes seront fort embarrassans.

Ce n'est point, cependant, Messieurs, un motif de découragement. L'embarras ne sera que pour quelques années; les avantages, l'espèce d'émancipation qui en résultera, embrasseront un long avenir. Espérons, Messieurs, que le désir de se montrer plus digne de l'exercice de ces droits politiques, dont on sentira chaque jour

[1] Art. 52 de la loi.

davantage le prix, fera naître une salutaire émulation; espérons que cette émulation sera fortifiée par la vue de la supériorité morale qu'exerceront naturellement ceux qui savent lire et écrire. Et alors le Gouvernement, secondant, excitant l'impulsion qui en résultera, favorisant l'introduction des nouvelles méthodes, nous verrons bientôt disparaître le spectacle désolant d'une si grande partie de la population privée des bienfaits d'une simple et saine instruction.

Le chapitre IV et dernier ne renferme qu'un article [1], dont les dispositions transitoires fixent le délai dans lequel doivent être terminées toutes les opérations préliminaires des premières élections, et décident que les conseils municipaux seront alors renouvelés intégralement

Permettez-moi, Messieurs, en finissant, de vous présenter quelques considérations sur l'ensemble de la loi.

Messieurs, les systèmes nouveaux, plus hardis, plus éloignés de l'état actuel des choses, pouvaient être adoptés; votre com-

[1] Voy. art. 53 de la loi. — La Chambre des députés a ajouté les art. 54 et 55.

mission ne l'ignore pas, mais elle sait aussi combien sont périlleux les essais de ce genre.

Il est un point essentiel qu'elle ne pouvait oublier un instant :

C'est que ce n'est pas seulement pour Paris, ou quelques points éclairés de la France, que des institutions municipales doivent être préparées ; c'est à toutes les parties du royaume, plus ou moins instruites, plus ou moins avancées dans la civilisation, que ces institutions doivent s'adapter.

C'est donc l'ensemble du pays qu'il faut saisir ; c'est l'état des moeurs, les dispositions des esprits, l'empire surtout de l'habitude, auxquels il faut avoir égard. Entre deux lois, dont l'une paraît préférable en théorie et l'autre s'accorde mieux avec les habitudes du peuple auquel elle est destinée, c'est la dernière qui doit être préférée, car c'est moins de la perfection des lois dans nos Codes que de la perfection de leur exécution, que nous avons besoin ; or, qui ne sait avec quelle difficulté une loi nouvelle est comprise, goûtée, exécutée, jusqu'à ce qu'elle ait pénétré jusque dans les derniers rangs de la société?

Parmi les dispositions du projet, il en

est une dont l'importance domine tellement, qu'il est à peine nécessaire de vous la signaler : celle qui règle le nombre des électeurs.

Ce n'est pas, Messieurs, nous devons l'avouer franchement, sans quelque hésitation, que votre commission s'est décidée à appeler au droit d'élire, seulement pour la population rurale, plus de deux millions d'électeurs; elle comprend, si le résultat trompait ses espérances, tout ce qu'aurait de funeste la nécessité, reconnue trop tard, de rétrograder sur cette route, où nous nous engageons.

Mais elle a été rassurée par le bon sens national que notre admirable révolution a fait éclater de toute part; elle a pensé que le besoin de justifier la confiance de la loi, que l'intérêt plus vif que nos mœurs actuelles inspirent pour les affaires publiques; qu'enfin, la distribution des électeurs en assemblées peu nombreuses, et dont tous les membres se connaissent parfaitement, que toutes ces circonstances vous toucheraient comme elle, et la défendraient contre l'accusation d'avoir, en cédant trop facilement, compromis les vrais intérêts de la liberté.

Ce sont ces intérêts, Messieurs, qu'elle a eus constamment en vue; animée des intentions les plus pures, votre commission n'a recherché ni la gloire frivole de créer un système, ni les faveurs de la popularité.

Présenter aux Français une loi digne de sa source, digne de la Charte, dont elle doit être un corollaire, mais en même temps leur offrir une loi utile qui, sans contrarier les habitudes existantes, pût satisfaire tous les besoins et s'appliquer à toutes les localités, tel est le but vers lequel se sont dirigés tous ses efforts.

Vos suffrages lui apprendront, Messieurs, jusqu'à quel point elle s'en est approchée.

CHAMBRE DES PAIRS.

Rapport fait par M. le duc de *Praslin*, au nom de la commission chargée de l'examen du projet de loi sur l'organisation municipale, adoptée par la Chambre des Députés.

(*Séance du* 1er *mars* 1831[1].)

Messieurs,

La loi sur l'organisation municipale est d'une telle importance, que nous n'essaie-

[1] *Moniteur* du 2 mars 1831.

rons pas d'entrer à cet égard dans des considérations étendues qui vous fatigueraient inutilement. Ce serait abuser et de votre temps et de l'indulgence que je réclame de vous, Messieurs.

Cette loi, attendue avec une vive impatience, doit garantir les droits politiques des Français, ces droits, dont l'immense majorité n'a pas encore joui, et que leur a assurés la révolution de 1830 : elle doit leur rendre aussi la jouissance de ces droits civils qui les touchent de si près, et leur faire prendre part à l'administration de famille qui leur était ravie depuis tant d'années. Cette loi aura encore pour effet de restreindre dans de justes bornes, cette centralisation dont les abus ont été souvent signalés.

Votre commission regrette que cette loi soit incomplète, et ne forme que la première partie de l'organisation municipale.

Il eût été désirable que la loi départementale fût présentée en même temps, pour compléter l'organisation administrative [1]. On eût aisément établi un ensemble et une

[1] *Voy.* le Rapport à la Chambre des Députés, ci-dessus, page 15.

homogénéité difficiles à opérer dans des lois votées à des époques différentes et par des sessions diverses.

La loi sur les attributions des corps municipaux ayant moins de rapports avec les droits politiques, est attendue avec moins d'impatience. Elle a cependant d'autant plus d'importance, qu'elle doit, comme je l'ai déjà dit, contribuer avec efficacité à diminuer en partie les inconvéniens et les abus de la centralisation.

La loi qui vous est présentée a soulevé les plus hautes questions; vous les exposer en peu de mots est un devoir pour le rapporteur de votre commission.

Je dois cependant les faire précéder de quelques aperçus sur le but et la nécessité de la loi qui vous est soumise.

La commune est l'élément de la grande famille nationale; antérieure à tous les gouvernemens, elle dut être la première agglomération des familles. La communauté de leurs intérêts, l'administration de leurs biens communs en forma une unité. Telle est sans doute l'origine du mot commune. La cité ne fut créée que postérieurement par l'existence des premières villes. De cette réunion considérable d'individus naquirent vraisemblablement les droits politiques.

L'égalité parfaite entre tous les membres de cette grande famille, la liberté personnelle et le respect des propriétés, furent les bases de l'organisation de la commune. Il fallut créer une administration des biens possédés en commun, pour en régler l'usage et défendre les droits de chacun dans cette propriété contre les usurpations d'étrangers.

Cette administration, choisie par les chefs de famille parmi les plus capables, posséda toute leur confiance. Ses pouvoirs étaient pour l'intérêt de tous. Elle reçut, suivant le temps et les localités, des noms différens. Telle a dû être, ce me semble, l'origine des communes et de leurs administrations.

L'accroissement de la population, l'industrie, avaient créé les cités, qui prirent le nom de villes. Dès-lors, les intérêts se multiplièrent et s'entrechoquèrent, l'administration devint plus difficile et complexe. De là vint la division en corporations, les prud'hommes, les syndics, etc. La civilisation se perfectionna surtout depuis notre révolution, et parvint à ce point qu'on reconnut enfin que des droits et des devoirs étaient communs à tous. Alors disparurent ces vaines prérogatives et ces priviléges d'individus et de corporations, si nuisibles à l'intérêt général et au bien-être de tous.

Je n'essaierai pas, Messieurs, de vous faire l'historique du régime municipal, et de toutes les variations qu'il a éprouvées. Il a été tracé par des plumes habiles, et surtout par un de nos collègues [1], éloigné de nous en ce moment par des fonctions importantes, et que j'eusse désiré voir prendre part à cette discussion.

Pour faire une bonne loi d'organisation municipale, il faut considérer les fonctions et les attributions du corps municipal; ensuite déterminer quelles doivent être les capacités des divers membres qui doivent le composer, et le système électif qui doit être préféré pour assurer le bien général.

Le corps municipal doit veiller à l'administration des biens, aux dépenses, aux recettes, à toutes les affaires de la commune, considérée comme individu. Il est évident qu'à elle appartient le droit de s'occuper de ses affaires privées, de conférer le pouvoir, de les régler. C'est ce droit dont elle est dépossédée depuis long-temps, que cette loi est appelée à lui rendre.

[1] M. le baron de Barante.

Mais le corps municipal, ou plutôt le Maire, a ausssi le devoir de faire exécuter les lois intéressant la nation entière; le Maire est donc, sous ce rapport, une émanation du pouvoir royal. Il exerce aussi parfois des portions du pouvoir judiciaire, et dispose d'un des élémens de la force publique. Sous ces derniers rapports, ses pouvoirs doivent encore émaner du Roi.

Diverses questions graves ont été soulevées. Quel système devra-t-on adopter? Celui des municipalités cantonnales ou des municipalités communales?

Par qui seront nommés les Maires et les Adjoints?

Comment seront nommés les Conseils municipaux?

La Municipalité cantonnale offrirait peut-être une administration plus simple, mais il faudrait qu'elle fût possible; si tout était à créer, on pourrait la préférer; mais il existe en ce moment en France trente-huit mille communes organisées en municipalités. Pourrait-on les déposséder de leurs administrations pour les concentrer dans trois mille communes seulement, chef-lieux de canton? Est-ce au moment qu'on réclame l'extension des droits politiques à la participation aux affaires, pour un plus grand nombre de citoyens, qu'on devrait déposséder au moins trois cent quarante mille Français, membres des conseils municipaux, de toutes fonctions et participations aux affaires de la commune? Si le système de la municipalité cantonnale offre des avantages, il présente au moins autant d'inconvéniens.

Qu'il me soit permis d'observer que la commune est le véritable élément virtuel de la société, tandis que le canton, l'arrondissement, le département, ne sont que des fractions de l'administration.

Ainsi la question a été résolue dans le sens de la conservation des administrations communales.

Celle relative à la nomination des Maires et des Adjoints a été fort controversée dans l'autre Chambre [1]. Les uns voulaient qu'ils fussent nommés directement par les électeurs, les autres voulaient le concours des électeurs et du Roi; d'autres enfin proposaient la séparation des attributions réunies jusqu'alors dans les mains du Maire; que les unes fussent remplies par celui-ci, nommé par les électeurs, et les autres

[1] *Voy.* le Rapport à la Chambre des Députés, ci-dessus, page 18, et les notes sur l'art. 3 de la loi.

par un commissaire du Roi près du corps municipal. Qui pourrait méconnaître aujourd'hui que les Maires ne peuvent administrer les affaires privées des communes sans recevoir de mandat des électeurs? ce serait répudier la Charte de 1830, et les garanties qu'elle assure aux droits civils et politiques des Français.

C'est, fondé sur ce principe, et abstraction faite des autres fonctions des Maires, qu'on proposait la nomination directe par les électeurs.

Mais s'il est évident que, pour l'exécution des lois générales de l'Etat, les ordres doivent être donnés par les ministres aux préfets qui les transmettent aux sous-préfets, et ceux-ci aux Maires chargés de l'exécution réelle, comment pourrait-on mettre en doute la nécessité de l'hiérarchie indispensable de ces divers pouvoirs administratifs, et qu'un Gouvernement serait impossible si l'exécution des lois pouvait trouver une opposition, une résistance sur tous les points du royaume? La négligence même serait une force d'inertie qui entraverait la marche du Gouvernement. Comment pourrait-il y avoir responsabilité de l'administration, si les fonctionnaires qui en dépendent n'étaient pas nommés par elle? La loi n'est-elle pas d'ailleurs l'expression de la volonté générale? Ne serait-ce pas le renversement du Gouvernement constitutionnel que la non exécution de la loi?

En résumé, nécessité que le Maire reçoive son mandat des électeurs, obligation qu'il soit à la nomination du Roi pour la garantie et la responsabilité du pouvoir administratif; telles sont les vérités qui nous semblent ressortir de cette question.

Le projet nous a paru avoir résolu avantageusement cette difficulté, en faisant élire tous les conseillers municipaux par les habitans de la commune, et nommer par le Roi le maire et les adjoints parmi ces conseillers. La proposition de faire nommer par le Roi un commissaire près de chaque corps municipal, offrait de graves inconvéniens. Cette séparation de deux pouvoirs, réunis aujourd'hui, ne pourrait être tellement distincte, qu'il ne se trouvât des points de contact, qui feraient naître des discordes dont le résultat funeste serait l'affaiblissement de ces deux mêmes pouvoirs. La dépense nécessitée par les appointemens de ses agens, la difficulté du choix, s'il devait être fait parmi les habitans de la commune, comme on l'avait proposé, offriraient de nouveaux obstacles; l'essai, d'ailleurs, en a été fait en l'an III, et il n'a pas été heureux. Aussi la Chambre des Députés n'a pas hésité à rejeter ce système.

Avant de passer aux questions relatives à l'élection, permettez moi d'observer combien il était désirable que le système constitutionnel reçût enfin toute son extension, et que la commune fût constituée suivant le principe électif. L'élection des conseillers municipaux par les habitans de la commune étant la base de cette loi, les questions qui s'y rattachent sont devenues d'autant plus importantes, que la loi d'élection municipale doit naturellement former la base du système électif, qu'on peut dire la question véritable des droits politiques des Français. C'était donc la partie de la loi la plus importante et la plus difficile à faire; il fallait fixer les conditions pour être électeur ou éligible. Ces conditions étaient celles de la capacité; il était impossible de les reconnaître ailleurs que dans l'âge, le cens, les emplois ou professions, garanties de capacité intellectuelle, et le domicile. Le cens a été la question sur laquelle les opinions ont le plus divergé, on pourrait presque dire la seule. Les adjonctions ont cependant été le sujet de quelques débats.

L'âge a été fixé pour les électeurs à vingt-un ans[1] (c'est l'âge de la majorité reconnue

[1] Art. 11 de la loi.

par la loi civile), et à vingt-cinq ans pour les conseillers municipaux [1].

Le domicile a été fixé devoir être réel dans la commune pour les trois quarts des conseillers [2], et pour les Maires et les Adjoints [3].

Les difficultés sur le cens [4] étaient d'autant plus grandes, que de sa fixation dépend le nombre plus ou moins grand d'électeurs, et par conséquent la limite des droits politiques.

Les uns voulaient qu'il fût fixe et invariable, et différaient sur sa quotité; les autres demandaient qu'il fût relatif à la population, en créant une échelle croissante avec elle; d'autres fixaient le nombre des électeurs pris parmi les plus imposés dans une proportion déterminée, sans fixation de la limite du cens; quelques-uns ne voulaient aucun cens; quelques autres qu'on n'eût égard qu'aux capacités intellectuelles, dont ils trouvaient la garantie dans les professions ou emplois, et excluaient tous les individus ne sachant ni lire ni écrire.

Ceux qui voulaient étendre les droits électoraux pour faire jouir le plus grand nom-

[1] Art. 17 de la loi.

[2] Art. 15.

[3] Art. 4.

[4] *Voy.* les notes sur les art. 11 et 12.

bre de Français des droits politiques, préoccupés de cette idée, trouvaient que la condition du cens ou d'une certaine proportion des plus imposés avec la totalité de la population restreignait trop le nombre des électeurs, ne considérant que le chiffre de la population, et non celui de ceux qui peuvent avoir des capacités politiques.

Permettez-moi, Messieurs, d'entrer à ce sujet dans quelques détails, et de vous prouver que le projet donne à l'immense majorité des Français, surtout dans les campagnes, la jouissance des droits politiques.

Les hommes majeurs seuls pouvaient y être appelés ; ils ne forment pas le quart de la population : les femmes et les enfans des deux sexes en composant plus des trois quarts.

On parle toujours de trente-deux millions de Francais, sans réfléchir qu'il n'y a pas huit millions d'hommes au-dessus de vingt-un ans, qui se réduiraient à moins de sept, si l'on en défalque les militaires en activité de service, et les individus qui, ne jouissant pas des droits civils, ne peuvent posséder de droits politiques. Si l'on retranche encore les étrangers et les hommes non domiciliés ou non résidans, on ne trouverait pas en France six millions d'hommes majeurs, pouvant exercer des droits politiques.

Un autre calcul plus simple donne à peu près le même résultat. Dans les campagnes, surtout, et dans les petites villes, chaque famille est de cinq à six individus. Aussi l'Assemblée constituante avait-elle évalué les citoyens actifs au sixième de la population.

Le projet de loi donne une large extension à l'exercice des droits politiques, si l'on considère qu'il y a en France huit mille communes au-dessous de trois cents âmes, et que le minimum des électeurs est de trente dans ces communes, ce qui augmente beaucoup la proportion du dixième fixée pour celle de mille âmes et au-dessous, qui sont au nombre de vingt-huit mille. Cette proportion est accrue encore par les adjonctions, et diffère très-peu de celle du sixième.

Vous voyez, Messieurs, combien le reproche fait au projet de loi de restreindre le droit électoral, et par conséquent les droits politiques, est peu fondé pour les communes dont la population est au-dessous de mille habitans; et c'est la grande majorité, puisqu'on en compte vingt mille sur trente-huit mille.

Le nombre des électeurs est plus restreint dans les villes populeuses. Plus la population devient considérable, et plus la proportion des électeurs diminue[1]. Examinons si cette disposition est fondée.

Quel est le but de l'élection municipale? C'est d'obtenir l'administration la meilleure des biens et de tous les intérêts communaux, de substituer aux choix faits jusqu'à ce jour par le pouvoir, des choix faits par les intéressés, les citoyens de la commune.

La limite de l'extension du droit électoral est la capacité à pouvoir faire de bons choix; plus la population d'une ville est nombreuse, plus les intérêts deviennent complexes et difficiles à régler. Dans une ville de cent mille habitans, qui peut avoir un budget de plusieurs millions, les fonctions municipales sont importantes, et exigent des connaissances, des talens en administration. Ne doit-on pas, par conséquent, exiger plus de garanties de ceux chargés de faire de tels choix, que lorsqu'il ne s'agit que de régler les intérêts si simples d'une petite commune?

Les adjonctions deviennent d'autant plus nombreuses dans les villes, que la population en est plus considérable. On les évalue du tiers au quart du nombre des électeurs appelés comme plus imposés.

[1] Art. 11 de la loi.

Diverses modifications successives introduites dans la discussion à la Chambre des Députés, ont donné une plus grande extension aux droits électoraux qu'ils n'en avaient dans le projet primitif. Ainsi la ville de Lyon, par exemple, dont le nombre d'électeurs devait être, suivant le projet, d'environ 2,000, était porté à 4,000 par les amendemens faits par la commission de l'autre Chambre; et, par suite de ceux introduits à l'article 11 pendant la discussion, il ne s'éloigne pas beaucoup de 6,000; nombre que l'auteur de la proposition avait jugé présenter de graves inconvéniens pour la bonté du choix des conseillers municipaux de cette ville importante.

Votre commission, après un examen attentif de ce projet de loi et de chacun de ses articles, a observé qu'il eût été plus régulier de fixer dans l'art. 3 la durée de la suspension du Maire par arrêté du préfet, de dire, dans l'art. 4, que le Maire et les Adjoints sont rééligibles, quoique cette faculté résulte évidemment de l'ensemble et de l'esprit de la loi et de l'art. 17. La rédaction de quelques articles lui a paru pouvoir être plus explicite, et n'être pas toujours très-correcte, résultats inévitables des amendemens improvisés; mais votre commission, convaincue que ce projet de loi assurait les améliorations désirées et demandées depuis long-temps dans l'organisation municipale, et que les imperfections qu'il peut renfermer, presque toutes de rédaction, sont trop légères pour retarder, par des amendemens peu importans, la publication d'une loi si impatiemment attendue, m'a chargé, à l'unanimité, de vous en proposer l'adoption.

FIN DES RAPPORTS.

LOI
SUR L'ORGANISATION MUNICIPALE *.

LOUIS-PHILIPPE, Roi des Français, à tous présens et à venir, salut.

Les Chambres ont adopté, nous avons ordonné et ordonnons ce qui suit :

TITRE PREMIER [1].

Du Corps municipal.

CHAPITRE PREMIER.

De la composition du Corps municipal.

ARTICLE PREMIER.

Le Corps municipal de chaque Commune se compose du Maire, de ses Adjoints et des Conseillers municipaux.

* Dans le discours remarquable qu'il a prononcé à la Chambre des Députés, le 31 janvier 1831, M. Daunou a donné des détails intéressans sur l'administration des communes en France à diverses époques. Voyez *le Moniteur* du 1er février.

Les fonctions des Maires, des Adjoints et des autres Membres du Corps municipal sont essentiellement gratuites, et ne peuvent donner lieu à aucune indemnité ni frais de représentation [2].

---

[1] *Voy.* le Rapport à la Chambre des Députés, ci-dessus, page 17.

M. Marchal, député, avait proposé un titre préliminaire qui aurait réglé l'état de *citoyen français*. La Chambre a pensé que de nouvelles dispositions étaient inutiles, la matière étant réglée par des lois en vigueur. (Séances des 2 et 5 février 1831, *Moniteur* des 4 et 11.) M. Marchal est revenu sur cette question lors de la discussion de l'art. 32, et l'on n'a plus été d'accord sur l'existence des dispositions législatives. Plusieurs membres ont été d'avis que la Constitution du 22 frimaire an VIII était abrogée. M. de Montalivet, ministre de l'intérieur, a déclaré qu'il partageait cette opinion, qui est aussi celle du savant M. Toullier. Il a ajouté, sur l'interpellation de M. Isambert : « Je conviens que c'est une question grave à résoudre ; je promets que le Gouvernement s'en occupera. » (Séance du 16 février 1831, *Moniteur* du 18, page 330.)

On peut, au surplus, consulter, sur la manière d'acquérir et de perdre la qualité de *citoyen français*, Code civ., Liv. Ier, tit. 1er ; Constitution du

22 frimaire an VIII; Avis du conseil d'état, du 7 juin 1803, approuvé le 20 du même mois, et des 21 janvier et 22 mai 1812; Sénatus-Consulte des 26 vendémiaire an XI et 17 février 1808; Décrets des 17 janvier 1806, 17 mars et 6 avril 1809, et 26 août 1811; Ordonnances des 4 juin et 16 décembre 1814, 9 août et 2 novembre 1815; Traité de paix du 30 mai 1814; deux Arrêts du conseil d'état, du 19 juin 1814; Loi du 14 octobre de la même année, et, dans le *Bulletin des Lois,* un grand nombre d'Ordonnances qui ont consacré l'existence et prescrit l'exécution de la Constitution du 22 frimaire an VIII.

Il est néanmoins certain que l'Acte constitutionnel de l'an VIII, art. 2, exige du Français d'origine, pour avoir les droits *civiques,* deux conditions qui ne sont plus nécessaires : 1°. l'inscription sur un registre civique; cette formalité est tombée en désuétude; 2°. l'obligation de demeurer pendant un an, après avoir atteint sa vingt-unième année, sur le territoire français. Actuellement, *tout homme né et résidant en France, est, à l'âge de vingt-un ans, citoyen français. Voy.* ci-après, l'art. 11, qui accorde le droit de suffrages aux CITOYENS âgés de vingt-un ans, l'art. 20, et les observations sur ces articles.

[2] Il y a des villes où les fonctions de Maire sont tellement importantes, qu'il est impossible à celui qui en est investi de se livrer à d'autres soins que

ceux de la mairie. Une indemnité leur était, en conséquence, accordée par les Conseils municipaux; mais elle ne pourra plus l'être à l'avenir. Si le Maire fait des avances pour la commune, il en sera remboursé comme tout autre créancier. (Séance du 3 février 1831, *Moniteur* du 4.) M. Félix Faure, rapporteur, voulait qu'on ajoutât, à la fin de l'article, ces mots : *Que dans les cas particuliers et spéciaux, déterminés par les Conseils municipaux*. Mais on a fait observer qu'ils détruiraient la disposition, et qu'il vaudrait mieux alors ne rien mettre du tout. (Séance du 3 février 1831, *Moniteur* du 4.)

Dans la séance de la Chambre des Pairs du 3 mars, M. le comte Sainte-Aulaire a fait les observations suivantes :

« J'aperçois dans le second paragraphe une disposition fâcheuse, qui devra être modifiée, et qui, en attendant, devra trouver quelque adoucissement dans la pratique de la loi. Il est dit que les fonctions des Maires, des Adjoints et des autres membres du corps municipal, sont essentiellement gratuites, et ne peuvent donner lieu à aucune indemnité ni frais de représentation.

» J'admets ce principe : certes, il n'est pas dans ma pensée que les fonctions de Maire doivent être salariées; mais conclure de là qu'aucune exception ne peut être accordée en aucun cas, ni pour aucune localité, je crois que c'est aller trop loin.

et que ce peut être quelquefois contraire et à l'administration et à la liberté municipale. Il y a beaucoup de localités, les grandes villes, par exemple, dans lesquelles il sera impossible de trouver des Maires assez riches, en assez grand nombre pour que le choix des Citoyens et celui du Roi puissent se fixer avec assez de latitude. Les fonctions de Maires sont certainement dispendieuses, à cause des frais auxquels ils sont astreints. Dans les grandes villes, telles que Lyon, un Maire est obligé à chaque audience de faire de grandes dépenses.

» Par le refus de lui accorder une indemnité pour ses avances, vous imposez aux Citoyens et au Gouvernement de choisir les Maires parmi des personnes très-riches, à raison de ces dépenses considérables. C'est fâcheux dans l'intérêt de l'administration et dans l'intérêt des libertés municipales *.

» Vous admettez que le conseil municipal d'une ville qui a deux ou trois cent mille francs de rente, aura le droit de dépenser 30 ou 40 mille francs pour ses promenades : comment lui interdiriez-vous la faculté de rembourser à son Maire, de six à douze mille francs par an, sans lesquels il lui

* « Si vous enlevez aux Conseils municipaux, disait aussi M. Méchin à la Chambre des Députés, la faculté d'accorder à leur Maire cette indemnité, vous forcerez le Gouvernement à n'accorder l'importante place de Maire qu'à des gens qui déjà possèdent une grande fortune. » (*Moniteur* du 4 février 1831, page 240.)

sera impossible d'avoir une représentation digne de sa commune? Cette disposition n'est pas conforme aux principes, aux conditions d'une bonne pratique. Je suis convaincu que le regret se fera sentir un jour d'avoir inscrit une disposition contraire dans la loi. On avisera sans contredit à quelques moyens pour que les dépenses faites par le Maire dans l'intérêt de la commune ne restent pas à sa charge, en attendant qu'il soit possible de réformer ce qui sera reconnu défectueux dans cette loi. »

M. le comte de Pontécoulant a répondu :

« Cette disposition a été examinée avec soin dans la commission. Nous aurions tous été portés à vous proposer une légère modification dans le sens qui vient d'être indiqué par le préopinant. Mais comme on ne pourrait faire une disposition pareille sans constituer une dépense publique, nous nous sommes arrêtés sur-le-champ, dominés par cette idée que c'était à la chambre des députés seule à présenter des dispositions que nous ne pourrons qu'approuver, et sur lesquelles nous ne pouvons prendre l'initiative. »

M. de Sainte-Aulaire a déclaré qu'il se rendait à cette observation. (*Moniteur* du 4 mars 1831, page 456.)

ART. 2.

Il y aura un seul Adjoint dans les Communes de deux mille cinq cents habitans et au-dessous; deux dans celles de deux mille cinq cents à dix mille habitans, et dans les Communes d'une population supérieure, un Adjoint de plus par chaque excédant de vingt mille habitans*.

Lorsque la mer ou quelque autre obstacle rend difficiles, dangereuses ou momentanément impossibles les communications entre le chef-lieu et une portion de commune, un Adjoint spécial, pris parmi les habitans de cette fraction, est nommé en sus du nombre ordinaire, et remplit les fonctions d'Officier de l'état civil dans cette partie détachée de la commune **.

Un député proposait d'ajouter aux mots *adjoint spécial*, ceux-ci : *pris parmi les membres du Conseil municipal*, mais cet amendement a été écarté comme inutile, le § Ier de l'art. 1er, qui règle la composition du corps municipal de chaque commune, tenant lui-même lieu de cet amendement ***. (Séance du 3 fév. 1831, *Mon.* du 4.)

* Art. 12 de la loi du 28 pluviôse an VIII.

** Art. 1 et 2 de la loi du 28 floréal an X.

*** « Dans les Communes, a dit M. Demarçay, qui se trouveront dans le cas dont on parle, les électeurs municipaux seront prévoyans, et, en nommant les membres des Conseils

M. le Ministre de l'intérieur avait fait observer qu'il résulterait de la dernière disposition de l'article 2 que, dans certaines villes, il faudrait nommer un grand nombre d'adjoints. « Je crois qu'il serait nécessaire, disait-il, d'établir un *maximum*, comme, par exemple, de six adjoints au plus. M. de la Pinsonnière avait, d'après cette observation, proposé d'ajouter à l'art. 12 : *Néanmoins, il ne pourra y avoir plus de six Adjoints par Mairie*. Ce paragraphe additionnel a été rejeté. (Séance du 3 février 1831, *Moniteur* du 4.)

ART. 3.

Les Maires et les Adjoints sont nommés par le Roi, ou en son nom par le Préfet[1].

Dans les communes qui ont trois mille habitans et au-dessus, ils sont nommés par le Roi, ainsi que dans les chefs-lieux d'arrondissement, quelle que soit la population[2].

Les Maires et les Adjoints seront choisis parmi les membres du Conseil municipal, et ne cesseront pas pour cela d'en faire partie[3].

Ils peuvent être suspendus par un arrêté

municipaux, ils auront soin d'en nommer un qui soit de la portion de Commune qui pourrait se trouver hors d'état de communiquer avec le chef-lieu. » (Séance du 3 février 1831, *Moniteur* du 4, page 240.)

du Préfet [4]; mais ils ne sont révocables que par une ordonnance du Roi [5].

[1] *Voy.* les Rapports aux Chambres, ci-dessus, pages 18 et 55.

Le premier paragraphe de cet article n'a été adopté par la Chambre des Députés qu'à la suite d'une longue discussion. Plusieurs membres demandaient que les Maires, Adjoints et Conseillers municipaux fussent nommés dans chaque commune par l'assemblée des Electeurs municipaux. Cette proposition ayant été rejetée, les mêmes membres voulaient que la nomination des Maires et Adjoints ne pût être faite par le Roi, ou en son nom par le Préfet, que sur une liste de trois candidats pour chaque fonction, dressée par le Conseil municipal. Cet amendement, et un sous-amendement qui obligeait le Conseil municipal à choisir les trois candidats dans son sein, ont également été écartés, ainsi qu'un autre amendement portant que, dans les communes de 3,000 âmes et au-dessous, le Maire et ses Adjoints seraient choisis dans la première moitié des membres du Conseil municipal. (Séance des 3 et 4 février 1831, *Moniteur* des 5 et 6.)

M. de Dreux-Brézé avait aussi proposé, à la Chambre des Pairs, de décider que les Maires seraient nommés sur la présentation d'une liste de trois candidats, faite par les Electeurs communaux. Cet amendement, fortement repoussé par MM. de Montalivet, Ministre de l'intérieur, de Pontécoulant et de Broglie, a été rejeté. (*Moniteur* du 5 mars 1831, page 462.)

[2] D'après la loi du 28 pluviôse an VIII, art. 18 et 20, dans les communes de plus de 5,000 habitans, les Maires et les Adjoints étaient nommés par le Roi; et, dans les autres communes, ils l'étaient par le Préfet.

Voy. le Rapport à la Chambre des Députés, ci-dessus, page 24.

[3] Le Sénatus-Consulte du 16 thermidor an X, art. 13, portait que les Maires seraient choisis dans les Conseils municipaux. Mais cette disposition était regardée comme abrogée par l'art. 14 de la Charte constitutionnelle. (Circulaire du Ministre de l'intérieur, du 8 février 1816; Instruction générale sur les devoirs et fonctions des Maires, par le baron Lagarde, n° 13.)

[4] Il eût été plus régulier, ainsi que l'a dit M. le duc de Praslin, dans son Rapport à la Chambre des Pairs, de fixer la durée de la suspension du Maire. *Voy.* ci-dessus, page 63.

[5] M. Aubernon, député, avait proposé de substituer au paragraphe 4, la disposition de l'art. 20 de la loi du 28 pluviôse an VIII, qu'il lui paraissait utile de conserver :

« Ils peuvent être suspendus, et provisoirement remplacés par arrêté du Préfet; mais ils ne sont définitivement révocables qu'en vertu d'une décision du Ministre de l'intérieur, pour ceux qui sont à la nomination du Préfet, et d'une ordonnance du Roi, pour ceux qui sont à la nomination du Roi. »

Cette rédaction n'a pas prévalu, quoique le rapporteur ait, au nom de la commission, déclaré l'adopter. (Séance du 4 février 1831, *Moniteur* du 6.)

—Le Maire ou l'Adjoint qui, après avoir eu connaissance officielle de sa suspension ou de sa révocation, continuerait ses fonctions, serait passible des peines portées par l'article 197 du Code pénal, et pourrait même être poursuivi pour faux en écriture authentique, s'il signait des actes dans une qualité qu'il n'a plus. (Arrêt de la Cour de cassation, du 30 juin 1808.)

ART. 4.

Les Maires et les Adjoints sont nommés pour trois ans [1]; ils doivent être âgés de vingt-cinq ans [2] accomplis.

Ils doivent avoir leur domicile réel dans la commune [3].

[1] Ils étaient nommés pour cinq ans, et l'époque de ce renouvellement avait été fixée aux années

1816, 1821, 1826, et ainsi de suite. *Voyez* l'Ordonnance du 13 janvier 1816. On avait proposé, à la Chambre des Députés, de conserver ce qui existait.

Cette proposition a été rejetée sur l'observation faite par M. Humblot-Conté, que la moitié des Conseils municipaux devant être renouvelée tous les ans, lorsque le Maire se trouverait dans la moitié des membres du Conseil à renouveler, il y aurait cet inconvénient, si l'on fixait le délai à cinq ans, que les Electeurs communaux pourraient destituer le Maire. (Séance du 4 fév. 1831, *Moniteur* du 6.)

— Les Maires et les adjoints sont-ils rééligibles? Le rapporteur de la Chambre des Pairs a dit que l'affirmative résultait de l'ensemble et de l'esprit de la loi, et de l'art. 17. Voy. ci-dessus, page 63.

[2] Cet âge était également exigé par la loi du 5 fructidor an III, art. 175.

[3] La loi des 29 mars, 12 septembre 1791, et l'arrêté du 19 pluviôse an IV, art. 2, imposaient au Maire l'obligation, non seulement d'avoir son domicile, mais de faire sa résidence dans la commune. *Voyez* ci-après, la note 6 sur l'art. 11.

ART. 5.

En cas d'absence ou d'empêchement, le

Maire est remplacé par l'Adjoint disponible le premier dans l'ordre des nominations *.

En cas d'absence ou d'empêchement du Maire et des Adjoints, le Maire est remplacé par le Conseiller municipal le premier dans l'ordre du tableau, lequel sera dressé suivant le nombre des suffrages obtenus.

Voici, relativement à l'exécution de cet article, ce qui résulte de la discussion de la Chambre des Députés.

Quant au premier paragraphe, on suivra l'ordre fixé dans l'ordonnance du Roi ou l'arrêté du Préfet.

A l'égard du deuxième paragraphe, l'ordre d'inscription sur le tableau des membres du Conseil municipal sera déterminé par le plus grand nombre de voix; et quand il y aura égalité de suffrages, ce sera le plus ancien qui sera placé le premier.

Le général Demarçay a fait remarquer que, dans les grandes villes, les Electeurs communaux devant être divisés en sections, le nombre des suffrages dépendra du hasard. Le rapporteur de la commission a répondu que l'observation était fondée, mais qu'il ne s'agissait pas de mesurer le de-

* Arrêtés des 2 pluviôse an IX, art. 3, et 4 juin 1806, art. 2.

gré de confiance attribué à chaque membre du Conseil municipal, d'après le nombre des suffrages; que seulement il fallait adopter un ordre d'inscription sur le tableau; que cet ordre se trouvait indiqué dans les villes où la division par section n'a pas lieu; que, dans les autres villes, ce serait le hasard. (Séance du 4 février 1831, *Moniteur* du 6.)

ART. 6.

Ne peuvent être ni Maire ni Adjoints[1],

1°. Les membres des cours et tribunaux de première instance et des justices de paix[2];

2°. Les ministres des cultes[3];

3°. Les militaires et employés des armées de terre et de mer en activité de service ou en disponibilité;

4°. Les ingénieurs des ponts et chaussées et des mines en activité de service;

5°. Les agens et employés des administrations financières et des forêts;

6°. Les fonctionnaires employés des colléges communaux et les instituteurs primaires;

7°. Les Commissaires et agens de police.

[1] *Voyez* la Loi du 15 octobre 1794 (24 vendé-

miaire an III.) D'après les dispositions des art. 2 et 3 du titre IV de cette loi, « ceux qui sont appelés à remplir des fonctions incompatibles avec celles qu'ils exerçaient déjà, sont tenus, à peine d'être destitués des unes et des autres, de faire leur option dans les dix jours qui suivent la notification qui leur est faite du nouveau choix qui a eu lieu en leur faveur. » Mais il est à remarquer que cela ne pourrait s'appliquer aux magistrats inamovibles; il n'y aurait lieu qu'à avertissement d'abord, et, en cas de persévérance dans l'emploi incompatible, à censure, avec suspension, en conformité de l'art. 32 du Sénatus-Consulte organique du 16 thermidor an X. *Voyez* Lois d'Instruction criminelle et pénales, ou Appendice aux Codes criminels, par MM. *Garnier Dubourgneuf* et *Chanoine*, tome 1, page 18; décret du 30 décembre 1789, article 1er, relatif à l'incompatibilité entre les fonctions municipales et les fonctions militaires; Code forestier, article 4.

Il faut ajouter, aux exclusions prononcées par ces articles, celles portées en l'article 19, puisque, pour être Maire ou Adjoint, il faut être membre du Conseil municipal. (Art. 3, § III.)

[1] Les greffiers se trouvent compris dans l'exclusion. C'est ce qui résulta de l'art. 7, et des explications qui ont eu lieu à la Chambre des Dé-

putés. (Séance des 4 et 7 février 1831, *Moniteur* des 6 et 9.)

[3] Cette disposition exclut des fonctions de Maire et d'Adjoint les ministres des cultes d'une manière générale, qu'ils exercent ou non leurs fonctions, tandis que l'art. 19 exclut du Conseil municipal seulement les ministres des cultes en exercice dans la commune.

ART. 7.

Néanmoins les Juges suppléans aux tribunaux de première instance et les Suppléans des Juges de Paix peuvent être Maires ou Adjoints[1].

Les agens salariés du Maire ne peuvent être ses Adjoints[2].

[1] L'Assemblée constituante avait aussi, dans la loi du 16-27 mars 1791, décidé que l'incompatibilité établie par elle entre les fonctions administratives et les fonctions judiciaires ne s'appliquaient pas aux suppléans des tribunaux, parce qu'ils n'ont pas de fonctions permanentes, mais des fonctions purement accidentelles.

[2] La commission de la Chambre des Députés proposait d'exclure aussi des fonctions d'Adjoint, non seulement les agens salariés des Maires, mais encore ses fermiers et ses colons partiaires. On a

fait remarquer que les Maires et Adjoints devant être pris parmi les membres du Conseil municipal qui sont élus par les habitans de la commune, si ceux-ci jugent à propos de faire entrer dans le Conseil tels ou tels individus, c'est qu'ils ne verront pas d'inconvénient à ce que ces individus puissent être désignés pour remplir ensemble les fonctions de Maire et celles d'Adjoint. (Séance du 7 février 1831, *Moniteur* du 10.)

ART. 8.

Il y a incompatibilité entre les fonctions de Maire et l'Adjoint, et le service de la Garde nationale.

Voyez Décret du 14 décembre 1789, art. 53; des 29 septembre et 14 octobre 1791, sect. 1re, art. 16; Ordonnance du 17 juillet 1816, art. 26; et Loi sur la Garde nationale, du 22 mars 1831, art. 11.

CHAPITRE II.

Des Conseils municipaux.

SECTION PREMIÈRE.

De la composition des Conseils municipaux.

ART. 9.

Chaque commune a un conseil municipal composé, y compris les Maire et Adjoints,

De dix membres, dans les communes de cinq cents habitans et au-dessous;

De douze, dans celles de cinq cents à quinze cents;

De seize, dans celles de quinze cents à deux mille cinq cents;

De vingt-un, dans celles de deux mille cinq cents à trois mille cinq cents;

De vingt-trois, dans celles de trois mille cinq cents à dix mille;

De vingt-sept, dans celles de dix mille à trente mille;

Et de trente-six, dans celles d'une population de trente mille âmes et au-dessus*.

Dans les communes où il y aura plus de trois Adjoints, le Conseil municipal sera augmenté d'un nombre de membres égal à celui des Adjoints au-dessus de trois.

Dans celles où il aura été nommé un ou plusieurs Adjoints spéciaux et supplémentaires en vertu du second paragraphe

* *Voy.* la loi du 28 pluviôse an VIII, art. 15.

de l'article 2 de la présente loi, le Conseil municipal sera également augmenté d'un nombre égal à celui de ces Adjoints.

Voyez le Rapport à la Chambre des Députés, ci-dessus, page 27.

ART. 10.

Les Conseillers municipaux sont élus par l'assemblée des électeurs communaux.

Ils l'étaient auparavant par le Roi ou par le Préfet. (Loi du 28 pluviôse an VIII, art. 18 et 20; Ordonnance du 30 décembre 1814.)

ART. 11.

Sont appelés à cette assemblée [1],

1°. Les citoyens [2] les plus imposés [3] aux rôles des contributions directes [4] de la commune, âgés de vingt-un ans accomplis, dans les proportions suivantes :

Pour les communes de mille âmes et au-dessous, un nombre égal au dixième de la population de la commune:

Ce nombre s'accroîtra de cinq par cent habitans en sus de mille jusqu'à cinq mille,

De quatre par cent habitans en sus de cinq mille jusqu'à quinze mille,

De trois par cent habitans au-dessus de quinze mille;

2°. Les Membres des Cours et Tribunaux, les Juges de Paix et leurs Suppléans[5];

Les Membres des Chambres de commerce, des Conseils des manufactures, des Conseils de prud'hommes;

Les Membres des Commissions administratives, des Colléges des hospices et des bureaux de bienfaisance;

Les Officiers de la Garde nationale; les Membres et Correspondans de l'Institut, les Membres des Sociétés savantes instituées ou autorisées par une loi;

Les Docteurs de l'une ou de plusieurs des Facultés de droit, de médecine, des sciences, des lettres, après trois ans de domicile réel[6] dans la commune;

Les Avocats inscrits au tableau, les Avoués près les Cours et Tribunaux, les Notaires, les Licenciés de l'une des Facultés de droit, des sciences, des lettres, chargés de l'enseignement de quelqu'une des matières appartenant à la Faculté où ils auront pris leur licence, les uns et les autres après cinq ans d'exercice et de domicile réel dans la commune *;

Les anciens Fonctionnaires de l'ordre administratif et judiciaire jouissant d'une pension de retraite;

Les Employés des administrations civiles et militaires jouissant d'une pension de retraite de six cents francs et au-dessus;

Les Élèves de l'école polytechnique qui ont été, à leur sortie, déclarés admis ou admissibles dans les services publics, après deux ans de domicile réel dans la commune : toutefois les Officiers appelés à jouir du droit électoral en qualité d'anciens élèves de l'école polytechnique ne pourront l'exercer dans les communes où ils se trouveront en garnison qu'autant qu'ils y auraient acquis leur domicile civil ou politique avant de faire partie de la garnison;

* Voyez la loi du 27 ventôse an VIII, art. 15.

Les Officiers de terre et de mer jouissant d'une pension de retraite;

Les Citoyens appelés à voter aux élections des Membres de la Chambre des Députés ou des Conseils généraux des départemens, quel que soit le taux de leurs contributions dans la commune [7].

[1] Cet article est celui qui a été le plus longuement discuté à la Chambre des Députés. La question qu'il soulevait était en effet d'une telle importance, que, suivant la remarque de M. de Tracy, elle renfermait la loi municipale toute entière. Le principe de l'élection était posé ; il restait à déterminer les conditions requises pour être Electeur. La commission prenait pour base la contribution *directe*. Plusieurs députés proposaient de prendre pour base la contribution *personnelle*. La Chambre, après une discussion approfondie et fort animée, qui s'est prolongée pendant cinq jours (voyez *le Moniteur* des 9, 10, 11, 12, 13 et 15 février 1831, et les Rapports aux Chambres, ci-dessus, p. 27 et 58), a adopté le premier système, sauf l'exception contenue en l'art. 12. De nombreux amendemens ont été rejetés, et l'article est resté à peu près tel qu'il avait été rédigé par la commission. *Voyez* les notes sur l'art. 13.

[2] M. Isambert, député, ayant demandé ce qu'on

entendait par *citoyen*, M. Félix Faure, rapporteur, a répondu que c'était tout Français qui réunit les conditions voulues par la Constitution de l'an VIII *, laquelle, sous ce rapport, n'est pas abrogée. (Séance du 9 février 1831, *Moniteur* du 11.) *Voyez* ci-dessus la note sur le chapitre 1er, page 66.

[3] Quelle est la durée de la possession que doit avoir un propriétaire? Un acquéreur pourra-t-il se présenter avec un contrat passé de la veille, et requérir le droit de suffrages? Cette lacune a été signalée par M. Voyer-d'Argenson. (Séance du 16 février 1831, *Moniteur* du 17, p. 326.) On avait parlé d'admettre la possession *annale*; mais il n'y a rien eu de décidé à cet égard. Cette omission devra donc être réparée par l'administration (si la chose est possible, ce que ne croit pas M. Voyer-d'Argenson), comme celles que nous avons indiquées dans nos observations sur les articles 13 et 19. (*Voyez* la note sur le deuxième paragraphe de ce dernier article.)

* L'article 11 appelle à l'assemblée des électeurs communaux les *citoyens âgés de* 21 *ans*, et cependant, d'après l'article 2 de l'acte constitutionnel, du 22 frimaire an VIII, auquel renvoie M. le rapporteur de la commission de la Chambre des Députés, les Français d'origine ne pouvaient être *citoyens qu'à l'âge de* 22 *ans*; c'est que, comme nous l'avons dit, page 67, les conditions prescrites par la constitution de l'an VIII ne sont plus requises, et qu'à 21 ans tout individu né et résidant en France est *citoyen*.

[4] M. Marchal, député, avait proposé un amendement tendant à écarter de l'assemblée des Electeurs communaux les contribuables non domiciliés dans la commune; mais, après une longue discussion, cet amendement a été rejeté. Ainsi on peut être membre de plusieurs assemblées communales. (Séances des 9 et 10 fév. 1831, *Moniteur* des 11 et 12.) On peut aussi être membre du Conseil municipal d'une commune dans laquelle on n'est pas domicilié. (*V*. ci-après les art. 13 et 18, et les notes.)

[5] Les greffiers des cours, tribunaux et justices de paix ne sont point Electeurs, même lorsqu'ils sont licenciés en droit. Des amendemens qui avaient pour but de les appeler aux assemblées des Electeurs communaux, ont été rejetés. (Séances des 10, 11 et 14 février 1831, *Moniteur* des 12, 13 et 15, p. 293, 304 et 314.)

[6] Le domicile est un effet du droit qui consiste dans la relation établie par la loi entre une personne et le lieu où elle exerce ses droits.

Il y a deux espèces de domicile :

1°. Le domicile *civil* ou *réel*, dont il est ici question. L'orateur du Gouvernement, dans l'exposé des motifs du tit. III du Livre Ier du Code civil, l'a ainsi défini : « Le lieu où une personne jouissant de ses droits a établi sa demeure, le centre de ses affaires, le siége de sa fortune; le lieu d'où cette personne ne s'éloigne qu'avec le désir ou l'espoir d'y revenir dès que la cause de son absence aura cessé. » Et le Code civil, art. 102, a reproduit cette définition : *Le domicile de tout Français, quant à l'exercice de ses droits civils, est au lieu où il a son principal établissement.* Hors de ce lieu, il ne peut y avoir que de simples résidences. (*Voyez*, au surplus, art. 103 et suiv. du Code civil.)

2°. Le domicile *politique*, qui est la relation du citoyen avec le lieu où il doit exercer ses droits politiques (Décret du 17 juin 1806, art. 3), c'est-à-dire concourir à la formation de la loi, par les députés qu'il nomme. Le domicile politique de tout Français est au lieu où il a son domicile civil. Néanmoins, il peut le transférer dans tout autre département où il paie des contributions directes, à la charge par lui d'en faire, six mois d'avance, une déclaration expresse devant le préfet du département où il a son domicile politique actuel, et devant le préfet du département où il veut le transférer. (Loi du 5 février 1817, art. 3.) *Voy.* la note sur l'art. 13.

Voy. le Rapport à la Chambre des Pairs, ci-dessus, p. 59 et suivantes.

ART. 12.

Le nombre des électeurs domiciliés dans la commune ne pourra être moindre de trente, sauf le cas où il ne se trouverait pas un nombre suffisant de citoyens payant une contribution personnelle.

Cet article, dans le projet de la commission de la Chambre des Députés, était ainsi conçu : « Nul ne pourra être inscrit sur la liste des Electeurs communaux, s'il ne paie au moins dix francs de contributions directes. Néanmoins, dans aucun cas, le nombre des Electeurs ne pourra être moindre de *trente*. » On avait proposé de réduire le cens à cinq francs, mais M. de Férussac fit observer qu'il y avait 60 à 70,000 communes en France, où l'on ne pourrait trouver vingt Electeurs. (*Voy*. la note sur l'art. 13.)

ART. 13.

Les citoyens qualifiés pour voter dans l'assemblée des électeurs communaux, conformément au paragraphe 2 de l'article 11, et qui seraient en même temps inscrits sur la liste des plus imposés, voteront en cette dernière qualité.

Il résulte des dipositions des art. 11, 12, 13 combinés, que la liste des Electeurs communaux devra être divisée en deux parties. La première partie contiendra les citoyens les plus imposés aux rôles des contributions directes, et, si le nombre des citoyens imposés aux rôles des contributions directes, ayant leur domicile réel dans la commune, n'est pas de *trente*, de tous ceux qui paient une contribution personnelle. La seconde partie sera composée des citoyens qualifiés par le paragraphe II de l'art. 11, qui ne seront pas inscrits sur la première partie de la liste. Nous disons que, dans le cas où le nombre des Electeurs domiciliés dans la commune ne s'éleverait pas à trente, tous les citoyens payant une contribution personnelle doivent être portés sur la liste, parce qu'en effet, dans chaque commune, la contribution personnelle est la même pour tous ceux qui y sont imposés, et il n'y a pas de distinction à faire. Cette question n'a pas été prévue; l'administration en donnera sans doute une solution. (Voy. la note sur le paragraphe II de l'art. 18.)

ART. 14.

Le tiers de la contribution du domaine exploité par un fermier à prix d'argent ou à portion de fruits, lui est compté pour être inscrit sur la liste des plus imposés de la commune, sans diminution des droits du propriétaire du domaine.

ART. 15.

Les membres du conseil municipal seront tous choisis sur la liste des Electeurs communaux, et les trois quarts, au moins, parmi les Electeurs domiciliés dans la commune.

Voyez le Rapport à la Chambre des Députés, ci-dessus, p. 36.

ART. 16.

Les deux tiers des Conseillers municipaux sont nécessairement choisis parmi les Electeurs désignés au paragraphe Ier de l'art. 11 ; l'autre tiers peut être choisi parmi tous les citoyens ayant droit de voter dans l'assemblée en vertu de l'art. 11.

Il résulte des dispositions des art. 15 et 16 : 1°. que les membres du Conseil municipal ne peuvent être choisis que parmi les citoyens inscrits sur la liste des Electeurs communaux ; 2°. que les trois quarts des membres de ce Conseil doivent avoir leur domicile réel dans la commune; 3°. qu'il est indispensable que les deux tiers des membres de ce Conseil soient pris parmi les citoyens inscrits dans la première partie de la liste des Electeurs communaux.

ART. 17.

Les Conseillers municipaux doivent être âgés de 25 ans accomplis [1]. Ils sont élus pour six ans [2], et toujours rééligibles [3].

Les conseils seront renouvelés par moitié tous les trois ans *.

Les membres des Conseils municipaux étaient nommés pour vingt ans ; ils étaient renouvelés tous les dix ans. L'époque de ce renouvellement avait été fixée aux années 1821, 1831, et ainsi de suite. (Ordonnance du 13 janvier 1816, art. 2.)

ART. 18.

Les Préfets, Sous-Préfets, Secrétaires généraux et Conseillers de Préfecture, les Ministres de divers cultes en exercice dans la commune [1], les Comptables des revenus communaux, et tout Agent salarié par la commune, ne peuvent être membres des Conseils municipaux [2]. Nul ne peut être membre de deux Conseils municipaux [3].

[1] Ce n'est point le caractère sacerdotal que la

* Loi du 5 fructidor an III, art. 176; Arrêté du 3 germinal an XI.

loi frappe d'incapacité, mais celui de fonctionnaire, en excluant du Conseil municipal le ministre des cultes *en exercice dans la commune*, tandis que l'art. 6, 2°. décide, d'une manière absolue, que les ministres des cultes, en exercice ou non, ne peuvent être ni Maires, ni Adjoints.

[2] Voy. les notes sur l'art. 6 ci-dessus.

[1] Il y a dans cet article une lacune qui a été signalée par M. de Tracy. Un électeur peut voter dans plusieurs assemblées communales (*voy.* article 11 et la note 4), et il pourra arriver qu'il soit élu Conseiller municipal dans plusieurs communes. Quel sera le mode d'option? « Une instruction ministérielle, a dit M. Augustin Perrier, déterminera de quelle manière devra se faire l'option : la loi ne peut pas tout dire. » M. Félix Faure a répondu dans le même sens : « Quant aux détails d'exécution, nous nous en référons à l'administration, et des ordonnances pourront y pourvoir. » (Séance du 16 février 1831, *Moniteur* du 17, p. 326.)

ART. 19.

Tout membre d'un Conseil municipal dont les droits civiques [1] auraient été suspendus [2], ou qui en aurait perdu la jouissance [3], cessera d'en faire partie, et ne pourra être réélu que lorsqu'il aura recouvré les droits dont il aurait été privé [4].

[1] Les *droits civiques* sont ceux dont jouissent les *citoyens français* (*Voy.*, sur la qualité de *citoyen*, ci-dessus, p. 66, les observations qui suivent le titre du chapitre Ier). On en trouve l'énumération dans l'art. 42 du Code pénal.

[2] L'exercice des droits de *citoyen français* est suspendu par l'état de débiteur failli ou d'héritier immédiat, détenteur, à titre gratuit, de la succession totale ou partielle d'un failli; par l'état de domestique à gages, attaché au service de la personne ou du ménage; par l'état d'interdiction judiciaire, d'accusation ou de contumax. (Acte constitutionnel du 22 frimaire an VIII, art. 5.)

[3] L'interdiction des droits civiques doit avoir été prononcée par jugement, et elle ne peut l'être que lorsqu'elle est autorisée ou ordonnée par une disposition particulière de la loi. (Code pénal, art. 43.) Elle est totale ou partielle. (Code pén., art. 42.) La privation totale résulte de la mort civile; elle a lieu par suite de condamnation à la mort naturelle, aux travaux forcés à perpétuité, à la déportation (Code civ., art. 22, 24 et 25, et Code pénal, art. 18), et dans les cas prévus par les art. 22, 26, 28, 29 et 30 du Décret du 6 avril 1809, relatif aux Français en service à l'étranger, et qui n'obéiraient pas au rappel. La privation de certains droits civiques peut être temporaire ou perpétuelle* (Code pén., art. 9, 28, 42, 48); elle

*Sauf le cas de réhabilitation. (*Code pénal*, art. 619, 633.)

a lieu, comme peine, dans les cas où la loi autorise les juges à la prononcer (Code pén., art. 42), ou comme conséquence de la peine qui a été prononcée (Code pén., art. 28). La privation des droits de *citoyen* date de l'exécution, et non de la prononciation de la peine (Avis du conseil d'état, du 8 janvier 1823 *).

M. Isambert, député, a proposé l'addition suivante :

« Toutes délibérations auxquelles il aurait pris part sont nulles, sans préjudice de la peine portée en l'article 258 du Code pénal.

» Cette disposition est applicable aux Maires qui se seraient prorogés, dans l'exercice de leurs fonctions, hors du terme qui leur est assigné par la loi, ou qui auraient pris l'exercice de ces fonctions, quoique nommés hors du sein du Conseil municipal, ou qui les auraient continuées après la notification de leur suspension ou révocation.

» Tout citoyen de la commune aura qualité pour opposer cette nullité. »

Sous le gouvernement impérial, a-t-il dit, il existait une disposition qui obligeait aussi à ne choisir le Maire que parmi les Membres du Conseil municipal; cependant le Gouvernement a choisi arbitrairement les Maires ailleurs que dans

* *Bulletin des Lois*, 579, n° 14047, 7ᵉ série.

le Conseil. Le Gouvernement de la restauration n'a pas manqué de suivre de pareils erremens. Si vous n'introduisez pas une disposition particulière qui déclare la nullité des délibérations auxquelles auront pris part des individus n'ayant pas la capacité légale, et qui donne aux citoyens qualité suffisante pour en demander la nullité, il arrivera que, par la suite, l'Administration pourra aussi choisir des Maires hors des Conseils municipaux, et que si un citoyen vient à se plaindre, on lui dira qu'il n'a pas qualité pour se plaindre. Il ne resterait alors que la ressource de la pétition à la Chambre des députés; mais vous savez que ces intérêts sont en général trop abandonnés pour que ces illégalités soient vivement combattues. Il vaut bien mieux adopter la disposition que je vous présente.

M. le rapporteur. Il me semble que cette disposition est conçue d'une manière trop absolue qui pourrait la rendre dangereuse. Je ne crois pas que l'on doive prononcer d'avance la nullité de toute espèce de délibérations, parce qu'un seul Membre du Conseil ayant perdu ses droits civiques, y aurait pris part; on trouvera dans l'article 258 et dans les circonstances qui auront accompagné la délibération, les motifs de nullité nécessaires. Je conçois aussi que les citoyens puissent faire valoir des moyens de nullité; mais, encore une fois, je pense qu'il est dangereux de prononcer cette nullité d'avance.

M. Isambert. Si c'est entendu comme cela, je ne tiens pas à mon amendement.

L'amendement a été rejeté.

L'article 258 du Code pénal porte : « Quiconque, sans titres, se sera immiscé dans des fonctions publiques, civiles ou militaires, ou aura fait les actes d'une de ces fonctions, sera puni d'un emprisonnement de deux à cinq ans, sans préjudice de la peine de faux, si l'acte porte le caractère de ce crime. »

ART. 20.

Dans les communes de cinq cents âmes et au-dessus, les parens au degré de père, de fils, de frère, et les alliés au même degré, ne peuvent être en même temps membres du même Conseil municipal *.

Comme c'est la dernière nomination qui donne lieu à l'incompatibilité, il est évident que c'est le dernier nommé qui ne peut entrer en fonctions.

ART. 21.

Toutes les dispositions des lois précédentes, concernant les incompatibilités et

* Loi du 5 fructidor an III, art. 176.

empêchemens des fonctions municipales, sont abrogées.

Voy. les notes sur les art. 6, 7, 8 et 18, ci-dessus.

ART. 22.

En cas de vacance dans l'intervalle des élections triennales, il devra être procédé au remplacement dès que le Conseil municipal se trouvera réduit aux trois quarts de ses membres.

SECTION II.

Des Assemblées des Conseils municipaux.

ART. 23.

Les Conseils municipaux se réunissent quatre fois l'année, au commencement des mois de février, mai, août et novembre. Chaque session peut durer dix jours.

Les Conseils municipaux ne tenaient chaque année qu'une session obligée, qui était fixée au 1er mai, et pouvait durer quinze jours. (Loi du 28 pluviôse an VIII, art. 15; Décret du 14 février 1806.)

Voyez le Rapport à la Chambre des Députés, ci-dessus, page 38.

M. Marchal proposait l'article additionnel suivant : « Les assemblées des Conseils municipaux sont publiques, à moins que trois membres ne s'y opposent. L'examen du budget de la commune et le réglement du compte annuel seront rendus en séance publique. » M. Lepelletier d'Aulnay a fait remarquer que la proposition n'était pas nouvelle; qu'elle avait été présentée, admise, et convertie en loi en 1792. *Mais*, a-t-il ajouté, *l'action du dehors, le mouvement des passions populaires réagissent tellement sur la délibération des Conseils municipaux, que la Constitution de l'an III substitua le dépôt du registre des délibérations au secrétariat de la Mairie, et sa communication à tout habitant qui la réclamerait : cet exemple me paraît concluant.* Les deux parties de l'amendement de M. Marchal ont été successivement rejetées (Séance du 15 février 1831, *Moniteur* du 17); mais on a adopté la communication des registres. *Voy.* art. 7.

ART. 24.

Le Préfet ou Sous-Préfet prescrit la convocation extraordinaire du Conseil municipal, ou l'autorise sur la demande du Maire, toutes les fois que les intérêts de la Commune l'exigent.

Dans les sessions ordinaires, le Conseil

municipal peut s'occuper de toutes les matières qui rentrent dans ses attributions.

En cas de réunion extraordinaire, il ne peut s'occuper que des objets pour lesquels il a été spécialement convoqué.

La convocation pourra également être autorisée pour un objet spécial et déterminé, sur la demande du tiers des Membres du Conseil municipal, adressée directement au Préfet, qui ne pourra la refuser que par un arrêté motivé, qui sera notifié aux réclamans, et dont ils pourront appeler au Roi [1].

Le Maire préside le Conseil municipal; les fonctions de secrétaire [2] sont remplies par un de ses Membres, nommé au scrutin et à la majorité à l'ouverture de chaque session.

[1] C'est-à-dire au conseil d'état, dont les décisions sont toujours converties en ordonnances royales. On avait proposé, à la Chambre des Députés, d'énoncer que l'appel serait porté *au Roi, en son conseil d'état*; mais cette rédaction a été écartée, parce que la Chambre n'a rien voulu préjuger sur le conseil d'état, dont l'organisation actuelle n'est pas définitive.

[1] M. Lagarde, ancien préfet, dans son *Instruction générale sur les devoirs ou fonctions des Maires et autres Fonctionnaires municipaux*, nos 219 et suivans, donne, sur la rédaction des procès-verbaux, d'utiles renseignemens, que nous croyons devoir transcrire :

« Tout procès-verbal doit contenir la relation exacte et complète des opérations pour lesquelles il est rédigé, et il est de l'essence de cette espèce d'acte de présenter, dans son contenu, la preuve de l'observation des formalités prescrites par la loi, pour la régularité et la validité de ces opérations.

» Le procès-verbal d'une session d'un Conseil municipal doit, en conséquence, être ouvert dès l'instant qu'un nombre suffisant de membres se trouvent réunis.

» Il faut d'abord, et avant tout, y relater, avec sa date, l'ordre ou l'autorisation du Préfet ou Sous-Préfet en vertu duquel la session va s'ouvrir, et, si c'est une session extraordinaire, indiquer l'objet pour lequel elle a été prescrite ou autorisée.

» Il faut ensuite relater la convocation de tous les membres, faite par le Maire ; indiquer la date de cette convocation ; constater la présence du Maire ou de l'Adjoint qui le supplée, ainsi que celle des Membres du Conseil qui se trouvent réunis, et les désigner nominativement.

» Lorsque la régularité de la réunion a été ainsi établie, on constate la nomination des secrétaires, avec mention de la formalité du scrutin. Jusque-là, celui des membres qui était secrétaire à la session précédente, ou le plus jeune des membres du Conseil, ont dû faire provisoirement les fonctions de secrétaire; mais, dès que le secrétaire est nommé, il prend séance en cette qualité, et le procès-verbal en fait mention.

» A mesure qu'une délibération est prise, elle doit être inscrite au procès-verbal, toujours avec mention du nombre des membres qui y ont pris part; car il ne suffit pas que la majorité des membres du conseil en exercice soit présente à l'ouverture de la session, il faut qu'elle le soit également pour chacune des délibérations. (*Voyez* article 25.)

» Le procès-verbal ne doit pas se borner à énoncer l'opinion à laquelle la majorité du Conseil s'est arrêtée; il doit, de plus, en développer avec soin les motifs; et, lorsque des opinions différentes ont été émises, en faire mention.

» Enfin, le procès-verbal, dans toute session annuelle ou extraordinaire, contenant le nom des membres qui ont assisté aux délibérations, doit être signé *par tous, séance tenante*. (Décret du 11 février 1790.) Le Maire est chargé de veiller avec soin à l'exécution de cette formalité, et doit surtout ne pas souffrir que le procès-verbal soit colporté après la clôture de la session, pour recevoir les signatures des membres qui n'auraient point assisté aux délibérations, car ce serait un faux. »

ART. 25.

Le Conseil municipal ne peut délibérer que lorsque la majorité des Membres en exercice assiste au Conseil.

Il ne pourra être refusé à aucun des citoyens contribuables de la Commune communication, sans déplacement, des délibérations des conseils municipaux.

Il fallait auparavant les deux tiers au moins du nombre des membres dont le Conseil devait être composé. (Loi du 22 frimaire an VIII, art. 90.)

Voyez le Rapport à la Chambre des Députés, ci-dessus, page 39.

ART. 26.

Le Préfet déclarera démissionnaire tout Membre d'un Conseil municipal qui aura manqué à trois convocations consécutives sans motifs reconnus légitimes par le Conseil.

ART. 27.

La dissolution des Conseils municipaux peut être prononcée par le Roi.

L'ordonnance de dissolution fixera l'époque de la réélection.

Il ne pourra y avoir un délai de plus de trois mois entre la dissolution et la réélection. Toutefois, dans le cas où les Maires et Adjoints cesseraient leurs fonctions par des causes quelconques avant la réélection du Corps municipal, le Roi, ou le Préfet en son nom, pourront désigner sur la liste des Electeurs de la Commune les citoyens qui exerceront provisoirement les fonctions de Maire et d'Adjoints.

Voyez le Rapport à la Chambre des Députés, ci-dessus, page 40.

Il résulte des explications qui ont eu lieu à la Chambre des Députés (Séance du 16 février 1831, *Moniteur* du 17, p. 326), que le Roi ou le Préfet, en son nom, ne pourront désigner les citoyens qui exerceront provisoirement les fonctions de Maire et d'Adjoint que parmi les Electeurs ayant leur domicile *réel* dans la commune.

ART. 28.

Toute délibération d'un Conseil municipal portant sur des objets étrangers à ses attributions est nulle de plein droit. Le

Préfet, en Conseil de Préfecture, déclarera la nullité. Le Conseil pourra appeler au Roi de cette décision.

ART. 29.

Sont pareillement nulles de plein droit toutes délibérations d'un Conseil municipal prises hors de sa réunion légale. Le Préfet, en Conseil de Préfecture, déclarera l'illégalité de l'assemblée et la nullité de ses actes.

Si la dissolution du Conseil est prononcée, et si dans le nombre de ses actes il s'en trouve qui soient punissables d'après les lois pénales en vigueur, ceux des Membres du Conseil qui y auraient participé sciemment pourront être poursuivis.

Voyez le Rapport à la Chambre des Députés, ci-dessus, page 41.

ART. 30.

Si un Conseil se mettait en correspondance avec un ou plusieurs autres Conseils, ou publiait des proclamations ou adresses aux citoyens, il serait suspendu par le

Préfet, en attendant qu'il eût été statué par le Roi.

Si la dissolution du Conseil était prononcée, ceux qui auraient participé à ces actes pourront être poursuivis conformément aux lois pénales en vigueur.

ART. 31.

Lorsqu'en vertu de la dissolution prononcée par le Roi un Conseil aura été renouvelé en entier, le sort désignera, à la fin de la troisième année, les membres qui seront à remplacer.

CHAPITRE III.

Des Listes et des Assemblées des Électeurs communaux.

SECTION PREMIÈRE.

De la Formation des Listes.

ART. 32.

Le Maire, assisté du percepteur et des commissaires répartiteurs, dressera la liste de tous les contribuables de la commune jouissant des droits civiques, et qualifiés, à raison de la quotité de leurs contributions, pour faire partie de l'assemblée communale, conformément à l'art. 11 ci-dessus.

Les plus imposés seront inscrits sur cette liste dans l'ordre décroissant de la quotité de leurs contributions.

Voyez ci-dessus, p. 66, la note sur le chapitre Ier, et p. 87, les notes sur l'art. 11.

ART. 33.

Cette liste présentera la quotité des impôts de chacun de ceux qui y seront portés; elle énoncera le chiffre de la population de la commune, et sera affichée dans la commune, et communiquée au secrétariat de la mairie, à tout requérant.

ART. 34.

Tout individu omis pourra, pendant un mois, à dater de l'affiche, présenter sa réclamation à la mairie.

Dans le même délai, tout Electeur inscrit sur la liste pourra réclamer contre l'inscription de tout individu qu'il croirait indûment porté.

ART. 35.

Le Maire prononcera dans le délai de huit jours, après avoir pris l'avis d'une commission de trois membres du conseil, délégués à cet effet par le Conseil municipal. Il notifiera, dans le même délai, sa décision aux parties intéressées.

« Il serait nécessaire, a dit M. le comte de Sainte-Aulaire, rapporteur à la Chambre des Pairs, qu'une instruction indiquât la manière dont cette commission sera nommée. » (Séance du 4 mars 1831, *Moniteur* du 5, p. 464.)

ART. 36.

Toute partie qui se croirait fondée à contester une décision rendue par le Maire dans la forme ci-dessus, peut en appeler dans le délai de quinze jours, devant le Préfet, qui, dans le délai d'un mois, prononcera en Conseil de préfecture, et notifiera sa décision.

ART. 37.

Le Maire, sur la notification de la décision intervenue, fera sur la liste la rectification prescrite.

ART. 38.

Le Maire dressera la liste des Electeurs appelés à voter dans l'assemblée de la commune, en vertu du paragraphe II de l'art. 11 ci-dessus, avec l'indication de la date des diplômes, inscriptions, domicile, et autres conditions exigées par ce paragraphe.

ART. 39.

Les dispositions des articles 33, 34, 35, 36 et 37 sont applicables aux listes des Electeurs, dressées en exécution de l'article précédent.

ART. 40.

L'opération de la confection des listes commencera chaque année le 1er janvier; elles seront publiées et affichées le 8 du même mois, et closes définitivement le 31 mars [1]. Il ne sera plus fait de changement aux listes pendant tout le cours de l'année; en cas d'élections, tous les citoyens qui y seront portés auront droit de voter, excepté ceux qui auraient été privés de leurs droits civiques par un jugement [2].

[1] Ainsi, après cette époque, on n'a plus le droit d'éliminer tardivement de la liste un citoyen qui n'a pas été mis à portée de réclamer dans les délais. *Voy.* Arrêt de la C. royale de Rouen, du 22 déc. 1828; *Gazette des Tribunaux* du 25, p. 185, et Lois

d'instruction criminelle et pénales, ou Appendice aux Codes criminels, *IIe Supplément*, pag. 49, note 2.

[1] « Il serait à désirer, a dit M. le rapporteur à la Chambre des Pairs, que la liste fût permanente. » « C'est une observation, a répondu M. le président, qui pourra se trouver dans une instruction. » (Séance du 4 mars 1831, *Moniteur* du 5, p. 464.)

ART. 41.

Les dispositions relatives à l'attribution des contributions contenues dans les lois concernant l'élection des députés sont applicables aux élections réglées par la présente loi.

ART. 42.

Les difficultés relatives, soit à cette attribution, soit à la jouissance des droits civiques ou civils et au domicile réel ou politique, seront portées devant le tribunal civil de l'arrondissement, qui statuera en dernier ressort, suivant les formes établies par l'art. 18 de la loi du 2 juillet 1828.

« La cause sera jugée sommairement, toutes affaires cessantes, et sans qu'il soit besoin du ministère d'avoué. Les actes judiciaires auxquels elles donneront lieu, seront enregistrés *gratis*.

L'affaire sera rapportée en audience publique par un des membres du tribunal, et le jugement sera prononcé après que le ministère public aura été entendu. S'il y a pourvoi en cassation, il sera procédé, comme devant le tribunal de première instance, avec la même exemption de droits d'enregistrement, sans consignation d'amende. » (Loi du 2 juillet 1828, art. 18.) Il résulte, de plus, des discussions qui ont eu lieu à la Chambre des Députés, dans la séance du 7 mai 1828 (*Moniteur* du 9, *Supplément*, p. 603), 1°. que le réclamant aura toujours le droit de faire défendre la cause par un avocat; 2°. que les juges sont autorisés à distribuer les dépens suivant les circonstances, et sans être tenus de motiver leur décision; 3°. que le pourvoi n'est pas suspensif. (*Voyez* Lois d'Instruction criminelle et pénales, ou Appendice aux Codes criminels, par MM. *Garnier Dubourgneuf* et *Chanoine*, *IIe Supplément*, p. 59, note 1re, et p. 86, note 1re.)

SECTION II.

Des Assemblées des Électeurs communaux.

ART. 43.

L'assemblée des Electeurs est convoquée par le Préfet.

ART. 44.

Dans les communes qui ont 2,500 âmes

et plus, les Electeurs sont divisés en sections.

Le nombre des sections sera tel, que chacune d'elles ait au plus huit Conseillers à nommer dans les communes de 2,500 à 10,000 habitans; six dans celles de 10,000 à 30,000, et quatre dans celles dont la population excède ce dernier nombre.

La division en sections se fera par quartiers voisins, et de manière à répartir également le nombre des votans, autant que faire se pourra, entre les sections.

Le nombre et la limite des sections seront fixés par une ordonnance du Roi, le Conseil municipal entendu.

Chaque section nommera un nombre égal de Conseillers, à moins, toutefois, que le nombre des Conseillers ne soit pas exactement divisible par celui des sections, auquel cas les premières sections, suivant l'ordre des numéros, nommeront un Conseiller de plus. Leur réunion aura lieu à cet effet successivement à deux jours de distance.

L'ordre des numéros sera déterminé,

pour la première fois, par la voie du sort, en assemblée publique du Conseil municipal. A chaque élection nouvelle, la section qui avait le premier numéro dans l'élection précédente prendra le dernier, celle qui avait le second prendra le premier, et ainsi de suite.

Les sections seront présidées, savoir : la première à voter, par le Maire, et les autres successivement par les Adjoints, dans l'ordre de leur nomination, et par les Conseillers municipaux, dans l'ordre du tableau. Les quatre scrutateurs sont les deux plus âgés et les deux plus jeunes des Electeurs présens sachant lire et écrire. Le bureau, ainsi constitué, désigne le secrétaire.

Voyez le Rapport à la Chambre des Dputés, ci-dessus, page 42.

ART. 45.

Dans les communes qui ont moins de 2,500 âmes, les Electeurs se réuniront en une seule assemblée. Toutefois, sur la proposition du Conseil général du département, et le Conseil municipal entendu, les Electeurs pourront être divisés en sections par un arrêté du Préfet. Le même arrêté fixera le nombre et la limite des sections, et le nombre des Conseillers qui devront être nommés par chacune d'elles.

Les dispositions du précédent article, relatives à la constitution du bureau, sont applicables aux assemblées électorales des communes qui ont moins de 2,500 âmes.

Lors de la discussion à la Chambre des Pairs, M. le comte de Sainte-Aulaire a fait l'observation suivante : « Il serait désirable que l'initiative, relativement à la division des Electeurs, fût donnée au Conseil municipal, et le prononcé en dernier ressort au Conseil général. »

ART. 46.

Lorsque, en exécution de l'art. 22, il y aura lieu à remplacer des Conseillers municipaux dans les communes dont le corps électoral se divise en sections, ces remplacemens seront faits par les sections qui avaient élus ces Conseillers.

ART. 47.

Aucun électeur ne pourra déposer son

vote qu'après avoir prêté entre les mains du Président serment de fidélité au Roi des Français, d'obéissance à la Charte constitutionnelle et aux Lois du royaume.

ART. 48.

Le Président a seul la police des assemblées. Elles ne peuvent s'occuper d'autres objets que des élections qui leur sont attribuées. Toute discussion, toute délibération leur sont interdites.

ART. 49.

Les assemblées des Electeurs communaux procèdent aux élections qui leur sont attribuées au scrutin de liste. La majorité absolue des votes exprimés est nécessaire au premier tour de scrutin; la majorité relative suffit au second.

Les deux tours de scrutin peuvent avoir lieu le même jour. Chaque scrutin doit rester ouvert pendant trois heures au moins. Trois membres du bureau, au moins, seront toujours présens.

ART. 50.

Le bureau juge provisoirement les difficultés qui s'élèvent sur les opérations de l'assemblée.

ART. 51.

Les procès-verbaux des assemblées des Electeurs communaux seront adressés par l'intermédiaire du Sous-Préfet au Préfet, avant l'installation des Conseillers élus.

Si le Préfet estime que les formes et conditions légalement prescrites n'ont pas été remplies, il devra déférer le jugement de la nullité au Conseil de préfecture, dans le délai de quinze jours, à dater de la réception du procès-verbal. Le Conseil de préfecture prononcera dans le délai d'un mois.

ART. 52.

Tout membre de l'assemblée aura également le droit d'arguer les opérations de nullité. Dans ce cas, si la réclamation n'a pas été consignée au procès-verbal, elle devra être déposée, dans le délai de cinq jours, à compter du jour de l'élection, au secrétariat de la Mairie; il en sera donné récépissé, et elle sera jugée dans le délai d'un mois par le Conseil de préfecture.

Si la réclamation est fondée sur l'incapacité légale d'un ou de plusieurs des membres élus, la question sera portée devant le tribunal d'arrondissement, qui statuera comme il est dit à l'article 42. S'il n'y a pas eu de réclamations portées devant le Conseil de préfecture, ou si ce Conseil a négligé de prononcer dans les délais ci-dessus fixés, l'installation des Conseillers élus aura lieu de plein droit. Dans tous les cas où l'annulation aura été prononcée, l'assemblée des Electeurs devra être convoquée dans le délai de quinze jours, à partir de cette annulation.

L'ancien conseil restera en fonctions jusqu'à l'installation du nouveau.

CHAPITRE IV.

Dispositions transitoires.

ART. 53.

Toutes les opérations relatives à la confection des listes pour la première convocation des assemblées des Electeurs, devront être terminées dans le délai de six mois, à dater de la promulgation de la présente loi. La première nomination qui sera faite aura lieu intégralement pour chaque Conseil municipal.

Lors de la deuxième élection, qui aura lieu trois ans après, le sort désignera ceux qui seront compris dans la moitié sortant.

Si la totalité du corps municipal est en nombre impair, la fraction la plus forte sortira la première.

ART. 54.

L'exécution de la présente loi pourra être suspendue par le Gouvernement dans les communes où il le jugera nécessaire.

Cette suspension ne pourra durer plus d'un an, à partir de la promulgation de la présente loi.

CHAPITRE V.

Disposition générale.

ART. 55.

Il sera statué, par une loi spéciale, sur l'organisation municipale de la ville de Paris.

La présente loi, discutée, délibérée et

adoptée par la Chambre des Pairs et par celle des Députés, et sanctionnée par nous cejourd'hui, sera exécutée comme loi de l'État.

Fait à Paris, au Palais-Royal, le 21e jour du mois de mars, l'an 1831.

Signé LOUIS-PHILIPPE.

FIN DE LA LOI MUNICIPALE.

ORDONNANCE DU ROI

Pour l'exécution partielle de la Loi sur l'Organisation municipale jusqu'aux élections.

A Paris, le 19 avril 1831.

LOUIS-PHILIPPE, ROI DES FRANÇAIS,

A tous présens et à venir, salut.

Sur le Rapport de notre Ministre secrétaire d'état de l'intérieur, Président de notre Conseil;

Vu la loi du 21 mars dernier sur l'organisation municipale;

Considérant que les opérations préliminaires relatives à la formation des listes d'électeurs communaux, et le délai de trois mois prescrit par l'article 40 de ladite loi, ne permettent pas de renouveler immédiatement les Conseils municipaux, et de choisir les nouveaux Maires et Adjoints parmi les Conseillers tenant leurs pouvoirs de l'élection;

Que, cependant, il est utile d'appliquer, dès à présent, aux autorités communales actuellement en fonctions celles des dispositions de la loi du 21 mars qui sont indépendantes du système électif;

Qu'il importe, pour prévenir les difficultés qui pourraient s'élever à cet égard, de désigner quels sont ces articles, en les distinguant de ceux qui sont subordonnés à l'application du mode d'élection;

Le comité de l'intérieur de notre Conseil d'état entendu,

Nous avons ordonné et ordonnons ce qui suit:

Art. 1er. Sont immédiatement applicables aux autorités municipales actuellement en fonctions, les articles 4, 6, 7, 8, 17, 18, 19, 20, 21, 22, 25, 26, 28, 29 et 30 de la loi du 21 mars dernier.

2. Toutefois, il n'y a pas lieu de remplacer les fonctionnaires municipaux actuellement en fonctions, qui ne rempliraient pas les conditions exigées par les articles ci-dessus.

3. Toutes les autres dispositions de la législation antérieure continueront d'être exécutées jusqu'au moment où les autorités municipales auront été renouvelées, conformément à la loi du 21 mars.

4. Notre Président du Conseil, Ministre secrétaire d'état de l'intérieur, est chargé de l'exécution de la présente ordonnance.

FIN DE L'ORDONNANCE D'EXÉCUTION.

CHARTE

CONSTITUTIONNELLE.

Paris, 14 août 1830 *.

Louis-Philippe, Roi des Français, à tous présens et à venir, salut.

Nous avons ordonné et ordonnons que la Charte constitutionnelle de 1814 [1], telle qu'elle a été amendée par les deux Chambres le 7 août et acceptée par nous le 9 [2], sera de nouveau publiée dans les termes suivans:

[1] Voyez la Charte constitutionnelle de 1814, et les notes, page 288 des *Lois d'instruction criminelle et pénales*, ou *Appendice aux Codes criminels*; par MM. *Garnier Dubourgneuf et Chanoine*.

[2] Quatre ordonnances contenant : 1°. la suspension de la liberté de la presse périodique et semi-périodique ; 2°. la dissolution de la Chambre des Députés des départemens, qui, nouvellement nommée, était convoquée pour le 3 août; 3°. une réformation des règles d'élection ; 4°. la convocation des colléges électoraux réformés, et des Chambres, etc., datées de Saint-Cloud, le vingt-

* Promulguée le 24.

cinquième jour du mois de juillet 1830 *, et contre-signées de tous les membres du ministère, parurent dans *le Moniteur* du 26 du même mois, précédées d'un Rapport, signé également des sept ministres. Le même jour, 26 juillet, une protestation fut signée par les gérans des journaux constitutionnels, et l'on se disposa à opposer la force à la violence.

Dès le 27, la résistance au système oppressif commença **, et, le 29, *l'héroïque population de Paris avait fait triompher, par les armes, la cause sacrée qui venait de triompher en vain dans les elections* ***: la France était libre. Les députés présens à Paris se sont réunis; ils ont rédigé, le 27 juillet, une protestation contre les ordonnances du 25 ****; ils ont nommé, le 29, une commission pour veiller aux intérêts de tous, dans l'absence de toute organisation régulière, et, après avoir pris l'avis des pairs, ils ont offert à Monseigneur le duc d'Orléans les fonctions de lieutenant-général du royaume. Son Altesse Royale a accepté *****,

* Une ordonnance du 29 juillet (*Bulletin des Lois*, 9e série, 2e partie, no 656) les révoquait, et fixait de nouveau l'ouverture de la session au 3 août, mais le 9 juillet Charles X avait cessé de régner.

** Une ordonnance du 28 juillet, contresignée *Polignac*, mettait la ville de Paris en état de siége. (*Bulletin des Lois*, 8e série, no 15, 199.)

*** Proclamation de la Chambre des Députés.

**** *Bulletin des Lois*, 9e série, no 1.

***** *Voy*. la Proclamation de Monseigneur le duc d'Orléans aux habitans de Paris, par laquelle il accepte les fonctions de lieutenant-général du royaume, dans le *Bulletin des Lois*, 9e série, no 4. Elle est terminée par cette phrase : LA CHARTE SERA DÉSORMAIS UNE VÉRITÉ.

et a ouvert la session le 3 août *. Le 6, M. Bérard a proposé à la Chambre des Députés, 1°. de déclarer que le trône était vacant, et qu'il était indispensable d'y pourvoir; 2°. de modifier ou supprimer divers articles de la Charte. M. Dupin aîné a fait, dans la séance du soir, le rapport au nom de la commission spéciale chargée d'examiner cette proposition. Le 7, la Chambre des Députés a adopté, à la majorité de 219 voix contre 33, la déclaration suivante :

DÉCLARATION
DE
LA CHAMBRE DES DÉPUTÉS.

« La Chambre des Députés, prenant en considération l'impérieuse nécessité qui résulte des événemens des 26, 27, 29 juillet dernier et jours suivans, et de la situation générale où la France s'est trouvé placée à la suite de la violation de la Charte constitutionnelle;

» Considérant en outre que, par suite de cette violation et de la résistance héroïque des citoyens de Paris, S. M. Charles X, S. A. R. Louis-Antoine Dauphin, et tous les membres de de la branche aînée de la maison royale sortent en ce moment du territoire français;

» Déclare que le trône est vacant en fait et en droit, et qu'il est indispensable d'y pourvoir.

* *Voy.* le Discours prononcé par Monseigneur le duc d'Orléans, lieutenant-général du royaume, à l'ouverture de la session des Chambres législatives, le 3 août 1830, dans le *Bulletin des Lois*, 9e série, n° 32.

» La Chambre des Députés déclare secondement que, selon le vœu et dans l'intérêt du peuple français, le préambule de la Charte constitutionnelle est supprimé comme blessant la dignité nationale, en paraissant octroyer aux Français des droits qui leur appartiennent essentiellement *, et que les articles suivans de la même Charte doivent être supprimés, ou modifiés de la manière qui va être indiquée :

ART. 6. (*Supprimé.*)

ART. 7.

» Les ministres de la religion catholique, apostolique et romaine, professée par la majorité des Français, et ceux des autres cultes chrétiens, reçoivent des traitemens du trésor public.

ART. 8.

» Les Français ont le droit de publier et de faire imprimer leurs opinions, en se conformant aux lois.

» La censure ne pourra jamais être rétablie.

ART. 14.

» Le Roi est le chef suprême de l'État; il commande les forces de terre et de mer, déclare la guerre, fait des traités de paix, d'alliance et de commerce, nomme à tous les emplois d'administration publique, et fait les réglemens et ordon-

* Ce préambule se terminait ainsi : « Nous avons volontairement, et par le libre exercice de notre autorité royale, accordé et accordons, fait concession et octroi à nos sujets, etc. »

nances nécessaires pour l'exécution des lois*, sans pouvoir jamais ni suspendre les lois elles-mêmes, ni dispenser de leur exécution.

» Toutefois, aucune troupe étrangère ne pourra être admise au service de l'État qu'en vertu d'une loi.

ART. 15.

» (*Suppression des mots :* Des départemens.)

ART. 16 et 17.

» La proposition des lois appartient au Roi, à la Chambre des Pairs et à la Chambre des Députés.

» Néanmoins, toute loi d'impôt doit être d'abord votée par la Chambre des Députés.

ART. 19, 20 et 21.

(*Supprimés*, remplacés par la disposition suivante):

» Si une proposition de loi a été rejetée par l'un des trois pouvoirs, elle ne pourra être représentée dans la même session.

ART. 26.

» Toute assemblée de la Chambre des Pairs qui serait tenue hors du temps de la session de la Chambre des Députés est illicite et nulle de plein droit, sauf le seul cas où elle est réunie comme Cour de justice, et alors elle ne peut exercer que des fonctions judiciaires.

* La Chambre des Députés a retranché, *et pour la sûreté de l'État*, et elle a ajouté ce qui suit. C'était sur cet article que le gouvernement de Charles X s'était fondé pour rendre les ordonnances du 25 juillet.

ART. 30.

» Les princes du sang sont pairs par droit de naissance; ils siégent immédiatement après le président.

ART. 31. (*Supprimé.*)

ART. 32.

» Les séances de la Chambre des Pairs sont publiques comme celles de la Chambre des Députés.

ART. 36. (*Supprimé.*)

ART. 37.

» Les députés sont élus pour cinq ans.

ART. 38.

» Aucun député ne peut être admis dans la Chambre s'il n'est âgé de trente ans, et s'il ne réunit les autres conditions déterminées par la loi.

ART. 39.

» Si, néanmoins, il ne se trouvait pas dans le département cinquante personnes de l'âge indiqué, payant le cens d'éligibilité déterminé par la loi, leur nombre sera complété par les plus imposés au-dessous du taux de ce cens, et ceux-ci pourront être élus concurremment avec les premiers.

ART. 40.

» Nul n'est électeur s'il n'a moins de vingt-cinq ans, et s'il ne réunit les autres conditions déterminées par la loi.

ART. 41.

» Les présidens des colléges électoraux sont nommés par les électeurs.

ART. 43.

» Le président de la Chambre des Députés est élu par elle à l'ouverture de chaque session.

ART. 46 et 47.

» (*Supprimés*, en conséquence de l'initiative.)

ART. 56. (*Supprimé.*)

ART. 63.

» Il ne pourra, en conséquence, être créé de commissions et de tribunaux extraordinaires, à quelque titre et sous quelque dénomination que ce puisse être.

ART. 73.

» Les colonies sont régies par des lois particulières.

ART. 74.

» Le Roi et ses successeurs jureront, à leur avénement, en présence des Chambres réunies, d'observer fidèlement la Charte constitutionnelle.

ART. 75.

» La présente Charte et tous les droits qu'elle consacre demeurent confiés au patriotisme et au courage des gardes nationales et de tous les citoyens français.

ART. 76.

» La France reprend ses couleurs. A l'avenir, il

ne sera plus porté d'autre cocarde que la cocarde tricolor e.

ART. 75 et 76. (*Suppimés.*)

Disposition particulière.

» Toutes les nominations et créations nouvelles de pairs, faites sous le règne du roi Charles X, sont déclarées nulles et non avenues.

» L'article 27 de la Charte sera soumis à un nouvel examen dans la session de 1831.

» La Chambre des Députés déclare troisièmement qu'il est nécessaire de pourvoir successivement, par des lois séparées et dans la plus court délai possible, aux objets qui suivent :

1°. » L'application du jury aux délits de la presse et aux délits politiques ;

2°. » La responsabilité des ministres et des autres agens du pouvoir;

3°. » La réélection des députés promus à des fonctions publiques et salariées ;

4°. » Le vote annuel du contingent de l'armée ;

5°. » L'organisation de la garde nationale, avec intervention des gardes nationaux dans le choix de leurs officiers;

6°. » Des dispositions qui assurent d'une manière légale l'état des officiers de tous grades des armées de terre et de mer;

7°. » Des institutions départementales et municipales, fondées sur un système électif;

8°. » L'instruction publique et la liberté de l'enseignement ;

9°. » L'abolition du double vote et la fixation des conditions électorales et d'éligibilité ;

10°. » Déclarer que toutes les lois et ordonnances, en ce qu'elles ont de contraire aux dispositions adoptées pour la réforme de la Charte, sont dès à présent et demeurent annulées et abrogées.

» Moyennant l'acceptation de ces dispositions et propositions, la Chambre des Députés déclare enfin que l'interêt universel et pressant du peuple français appelle au trône Son Altesse Royale Louis-Philippe d'Orléans, duc d'Orléans, lieutenant-général du royaume, et ses descendans à perpétuité, de mâle en mâle, par ordre de primogéniture et à l'exclusion perpétuelle des femmes et de leur descendance *.

» En conséquence, Son Altesse Royale Louis-Philippe d'Orléans, duc d'Orléans, lieutenant-général du royaume, sera invité à accepter et à jurer les clauses et engagemens ci-dessus énoncés, l'observation de la Charte constitutionnelle et des modifications indiquées, et, après l'avoir fait devant les Chambres assemblées, à prendre le titre de Roi des Français. »

* Les femmes étaient exclues du trône de France par une antique coutume nationale, connue sous le nom de *Loi salique*, parce qu'elle était le code des lois d'un ancien peuple appelé *Salien*, dont les Francs sont supposés descendre. Voici le texte de cette disposition : *De terrâ verò salicâ nulla pars hereditatis mulieri veniat ; sed ad virilem sexum tota terræ hereditas perveniat.* (Titre 62, art. 7.) Il s'agissait, dans ce texte, de la succession des fiefs, et c'est par induction qu'on en a fait l'application à la succession de la couronne.

La Constitution de 1793 s'exprimait en ces termes :

« La royauté est indivisible, et déléguée héréditairement » à la race régnante de mâle en mâle, par ordre de primo- » géniture, à l'exclusion perpétuelle des femmes et de leur » descendance. (Titre III, chap. II, sect. 1, art. 1er.) »

La même déclaration a été adoptée le même jour par la Chambre des Pairs, avec la modification suivante :

Disposition particulière.

« La Chambre des Pairs déclare qu'elle ne peut délibérer sur la disposition de la déclaration de la Chambre des Députés, conçue en ces termes :

» Toutes les nominations et créations nouvelles des pairs faites sous le règne du roi Charles X sont déclarées nulles et non avenues.

» Elle déclare s'en rapporter entièrement sur ce sujet à la haute prudence du Prince lieutenant-général. »

Sur 114 votans, 89 se sont prononcés pour la déclaration, 10 contre ; quatorze bulletins étaient restés en blanc, et un bulletin a été annulé.

Les deux Chambres ont porté cette déclaration à Son Altesse Royale le lieutenant-général du royaume, dans la soirée du 7, et ont reçu son adhésion. Enfin, voici le procès-verbal de la séance royale du 9 août 1830, qui a consommé le changement de dynastie :

Procès-verbal de la séance de la Chambre des Pairs et de la Chambre des Députés réunies.

« L'an mil huit cent trente, le 9 août, MM. les pairs et MM. les députés étant réunis au palais de la Chambre des Députés, sur la convocation de Monseigneur Louis-Philippe d'Orléans, duc d'Orléans, lieutenant-général du royaume, Son Altesse Royale est entrée, suivie de Leurs Altesses Royales les ducs de Chartres et de Nemours et des officiers de sa maison, et s'est rendue à la place qui lui était destinée sur l'estrade en avant du trône.

» Les pairs et les députés étaient debout et découverts.

» Son Altesse Royale ayant pris séance, Monseigneur a dit aux pairs et aux députés : *Messieurs, asseyez-vous*.

» S'adressant ensuite à M. le président de la Chambre des Députés, Monseigneur lui a dit :

« Monsieur le président de la Chambre des Dé» putés, veuillez lire la déclaration de la Chambre.

» M. le Président en a donné lecture, et l'a portée à Son Altesse Royale, qui l'a remise à M. le commissaire provisoire chargé du département de l'intérieur.

» S'adressant également à M. le président de la Chambre des Pairs :

« Monsieur le président de la Chambre des
» Pairs, veuillez me remettre l'acte d'adhésion de
» la Chambre des Pairs. »

» Ce que M. le président a fait, et il a remis l'expédition entre les mains de Monseigneur, qui en a chargé M. le commissaire provisoire au département de la justice.

» Alors Monseigneur a lu son acceptation, ainsi conçue :

« Messieurs les pairs, Messieurs les députés,

» J'ai lu avec une grande attention la déclara-
» tion de la Chambre des Députés, et l'acte d'ad-
» hésion de la Chambre des Pairs ; j'en ai pesé et
» médité toutes les expressions.

» J'accepte, sans restriction ni réserve, les clau-

» ses et engagemens que renferme cette déclara-
» tion, et le titre de ROI DES FRANÇAIS, qu'elle
» me confère, et je suis prêt à en jurer l'obser-
» vation. »

» Son Altesse Royale s'est ensuite levée, et, la tête découverte, a prêté le serment dont la teneur suit :

« En présence de Dieu, je jure d'observer fidè-
» lement la Charte constitutionnelle avec les mo-
» difications exprimées dans la déclaration; de ne
» gouverner que par les lois et selon les lois; de
» faire rendre bonne et exacte justice à chacun
» selon son droit, et d'agir en toute chose dans la
» seule vue de l'intérêt, du bonheur et de la gloire
» du peuple français. »

» M. le commissaire provisoire au département de la justice a ensuite présenté la plume à Son Altesse Royale, qui a signé le présent en trois originaux, pour rester déposés aux archives royales, et dans celles de la Chambre des Pairs et de la Chambre des Députés.

» Sa Majesté LOUIS-PHILIPPE Ier, ROI DES FRANÇAIS, s'est alors placée sur le trône, où elle a été saluée par les cris mille fois répétés de *vive le Roi!*

» Le silence s'étant établi, Sa Majesté a prononcé le discours suivant :

« Messieurs les pairs et Messieurs les députés,

» Je viens de consommer un grand acte ; je sens
» profondément toute l'étendue des devoirs qu'il
» m'impose : j'ai la conscience que je les rempli-
» rai. C'est avec pleine conviction que j'ai accepté
» le pacte d'ailliance qui m'était proposé.

» J'aurais vivement désiré ne jamais occuper le » trône auquel le vœu national vient de m'appeler, mais la France, attaquée dans ses libertés, » voyait l'ordre public en péril. La violation de la » Charte avait tout ébranlé; il fallait rétablir l'action des lois, et c'était aux Chambres qu'il appartenait d'y pourvoir. Vous l'avez fait, Messieurs; les sages modifications que nous venons » de faire à la Charte garantissent la sécurité de » l'avenir, et la France, je l'espère, sera heureuse » au dedans, respectée au dehors, et la paix de » l'Europe de plus en plus affermie. »

» M. le commissaire provisoire au département de la justice a ensuite invité MM. les pairs et MM. les députés à se retirer dans leurs Chambres respectives, où le serment de fidélité au Roi, à la Charte constitutionnelle et aux lois du royaume, serait individuellement prêté par chacun d'eux.

» Et la séance a été levée.

» Fait et dressé, le présent procès-verbal, à Paris, le 9 août mil huit cent trente.

LOUIS-PHILIPPE.

PASQUIER, *président de la Chambre des Pairs;* marquis DE MORTEMART, duc DE PLAISANCE, comte LANJUINAIS, *secrétaires de la Chambre des Pairs;* CASIMIR PÉRIER, *président de la Chambre des Députés;* J. LAFITTE, *vice-président;* DUPIN aîné, *vice-président;* B. DELESSERT, *vice-président;* JACQUEMINOT, CUNIN-GRIDAINE, PAVÉE DE VENDOEUVRE, JARS, *secrétaires de la Chambre des Députés;* DUPONT (de l'Eure), *commissaire provisoire au département de la justice;* GUIZOT, *commissaire provisoire au département de l'intérieur.*

DROIT PUBLIC DES FRANÇAIS.

ARTICLE PREMIER.

Les Français sont égaux devant la loi, quels que soient d'ailleurs leurs titres et leurs rangs.

ART. 2.

Ils contribuent indistinctement, dans la proportion de leur fortune, aux charges de l'État.

ART. 3.

Ils sont tous également admissibles aux emplois civils et militaires.

ART. 4.

Leur liberté individuelle est également garantie, personne ne pouvant être poursuivi ni arrêté que dans les cas prévus par la loi et dans la forme qu'elle prescrit.

ART. 5.

Chacun professe sa religion avec une égale liberté, et obtient pour son culte la même protection.

L'art. 6 portait : *Cependant, la religion catholique, apostolique et romaine est la religion de l'état.* « Nous proposons la suppression de l'art. 6, a dit M. Dupin, parce que c'est celui dont on a le plus abusé. Mais votre commission ne veut pas que la malveillance puisse affecter de s'y méprendre. Cette suppression n'a point pour but de porter la plus légère atteinte à la religion catholique. Au contraire, après avoir proclamé, avec l'article 5, que *chacun professe sa religion avec une égale liberté, et obtient pour son culte la même protection*, nous reconnaissons, et nous disons, dans l'article 7, que *la religion catholique, apostolique et romaine est la religion de la majorité des Français*, rétablissant ainsi des termes qui ont paru suffisans aux auteurs du Concordat de l'an IX, et de la Loi organique de germinal an X, termes qui ont suffi pour relever la religion de ses ruines, et dont il n'est arrivé aucun dommage à l'Etat, tandis que les expressions de l'article 6 ont éveillé d'imprudentes prétentions à une domination exclusive, aussi contraire à l'esprit de la religion qu'à la liberté de conscience et à la paix du royaume. »

Voyez la loi du 8 mai 1816, qui abolit le divorce, celle sur l'observation des fêtes et dimanches, du 18 novembre 1814 (un jugement du tribunal de simple police de Laon, du 8 mars 1831, rapporté dans la *Gazette des Tribunaux* du 22, page 470, décide qu'elle est abrogée), et celle du 20 avril 1825 (abrogée par la loi du 11 octobre 1830.) Ces lois avaient été rendues comme conformes à l'art. 6. On avait aussi conclu de cet article que les prêtres catholiques ne pouvaient se marier. (Arrêt de la Cour royale de Paris, du 27 décembre

1828, *Dalloz*, 1829, 2, 52. Voyez jugemens contraires des tribunaux de Sainte-Menehould, 18 août 1827, Nanci, 23 avril 1828, Cambrai, 7 mai 1828, et la *Gazette des Tribunaux* des 23 et 25 février, 2 mars, 7, 8, 10, 12, 15 et 23 mai 1828.) Une lettre de M. Mérilhou, garde-des-sceaux, ministre de la justice, du mois de janvier 1831, porte que la question étant indécise, on doit continuer à s'adresser aux tribunaux. Cette question s'est présentée de nouveau dans l'affaire *Dumonteil*, devant le tribunal de première instance de la Seine, qui, sur les conclusions conformes du ministère public, l'a résolue affirmativement le 26 mars 1831, dans un jugement ainsi motivé :

« Attendu que les décisions judiciaires sont nécessairement fondées sur les lois politiques ou civiles de l'État ; que la question dont il s'agit est essentiellement du domaine de la loi politique ;

» Attendu que la Charte de 1830 ne reconnaît pas *la religion catholique, apostolique et romaine comme religion de l'Etat*; qu'ainsi les canons des conciles ne peuvent être exécutés comme lois de l'État qu'en vertu d'une loi spéciale ;

» Attendu que l'article 6 du concordat relatif au recours au conseil d'état, dans tous les cas d'abus, ne s'applique pas à la prohibition relative au mariage des prêtres ; que par cette énonciation *la religion de la grande majorité des Français*, on n'a entendu attribuer au catholicisme aucun des caractères politiques qui seraient inconciliables avec notre nouveau système de législation ; que cette défense du mariage n'a point été consacrée comme empêchement dans l'ordre civil; que le mariage n'est pas nul aux yeux des lois politiques et civiles; que les prêtres s'exposent aux peines prononcées par les lois canoniques, et sont tenus de s'abstenir de l'exercice du sacerdoce par suite d'une renonciation volontaire ou de la déposition de l'autorité ecclésiastique; que cela résulte positivement des rapports de l'orateur du gouvernement sur le concordat et le Code civil; qu'il ne peut en être autrement sous l'empire des principes établis par la Charte de 1830, dans un état où les décisions ecclésiastiques doivent être sanctionnées par la loi, où la législation est sécularisée, et l'état civil dégagé des affaires religieuses. »

(Voyez les plaidoiries de MM. Mermilliod et Menjot-Dammartin, ainsi que les conclusions de M. Stourm, *Gazette des Tribunaux* des 26 et 27 mars 1831. — La question est, en ce moment, soumise à la Cour royale de Paris.)

ART. 6.

Les ministres de la religion catholique, apostolique et romaine, professée par la majorité des Français, et ceux des autres cultes chrétiens, reçoivent des traitemens du trésor public.

Voyez la loi du 8 février 1831, qui porte qu'à compter du 1er janvier 1831, les ministres du culte israélite recevront des traitemens du trésor public.

ART. 7.

Les Français ont le droit de publier et de faire imprimer leurs opinions en se conformant aux lois.

La censure ne pourra jamais être rétablie.

ART. 8.

Toutes les propriétés sont inviolables, sans aucune exception de celles qu'on appelle nationales, la loi ne mettant aucune différence entre elles.

Cet article formait le neuvième de la Charte de 1814. Un milliard a été donné aux émigrés ou à leurs héritiers, par la loi du 27 avril 1825, pour les indemniser de la perte de leurs biens.

ART. 9.

L'État peut exiger le sacrifice d'une propriété pour cause d'intérêt public légalement constaté, mais avec une indemnité préalable.

Voyez Code civil, art. 545, lois des 16 septembre 1807, 8 mars 1810, 17 juillet 1819, art. 15, 30 mars 1831, ordonnances des 30 avril 1816, 1er août 1821, art. 50, et le *Traité d'expropriation pour cause d'utilité publique*, par M. Delaleau, avocat à la Cour royale de Paris, 2 vol.

in-8°; *Jurisp. générale du royaume*, par Dalloz, V° *Propriété*.

L'art. 9, qui formait le dixième de la Charte de 1814, a changé la disposition de l'art. 19 de la loi du 8 mars 1810, qui, dérogeant lui-même à l'art. 545 du Code civil, avait permis, en cas d'urgence, l'expropriation avant l'indemnité (Arrêt de la Cour royale de Bourges, des 27 février 1826, 13 février 1827, et 3 janvier 1828. Dalloz, 1827, 2, 6 et 128, 1829, 2, 43). Mais il n'a pas abrogé l'art. 54 de la loi du 16 septembre 1807, qui autorise le juge saisi d'une demande en indemnité à compenser la plus-value qui a pu résulter pour le propriétaire dépossédé des travaux exécutés par le gouvernement, avec le montant de l'indemnité (Arrêt cass., 22 janvier 1829. Dalloz, 1829, 1. 143; Jugement du tribunal de Fontenay, du 14 novembre 1827, *Gazette des Tribunaux* du 23, page 87). Il est applicable au cas où une maison perd de sa valeur par l'abaissement du pavé de la rue qui l'environne (Arrêts cass. 18 janvier 1826 et 11 décembre 1827. Dalloz, 1826, 1. 130; 1828, 1. 54; *Gazette des Tribunaux* du 16 décembre 1827, page 173).

ART. 10.

Toutes recherches des opinions et des votes émis jusqu'à la restauration sont interdites : le même oubli est commandé aux tribunaux et aux citoyens.

Cet article formait le onzième de la Charte

de 1814. Néanmoins, la loi d'*amnistie* du 12 janvier 1816 avait banni, malgré l'opposition des ministres de Louis XVIII, un certain nombre de Français, notamment ceux qui avaient voté la mort de Louis XVI. Elle a été rapportée par celle du 11 septembre 1830 (*Bulletin des Lois*, 19e série, n° 65), si ce n'est en ce qui concerne la famille *Napoléon*.

Une autre loi du 19 janvier 1816 avait déclaré que le 21 janvier, anniversaire de la mort de Louis XVI, serait un jour de deuil, et rangé au nombre des fêtes légales.

ART. 11.

La conscription est abolie. Le mode de recrutement de l'armée de terre et de mer est déterminé par une loi.

FORMES DU GOUVERNEMENT DU ROI.

ART. 12.

La personne du Roi est inviolable et sacrée. Ses ministres sont responsables. Au Roi seul appartient la puissance exécutive.

ART. 13.

Le Roi est le chef suprême de l'État; il commande les forces de terre et de mer, déclare la guerre, fait les traités de paix, d'ailliance et de commerce, nomme à tous les emplois d'administration publique, et fait les réglemens et ordonnances nécessaires pour l'exécution des lois, sans pouvoir jamais ni suspendre les lois elles-mêmes ni dispenser de leur exécution.

Toutefois aucune troupe étrangère ne pourra être admise au service de l'Etat qu'en vertu d'une loi.

Voyez la loi du 9 mars 1831, qui autorise le gouvernement à former une légion d'étrangers.

ART. 14.

La puissance législative s'exerce collectivement par le Roi, la Chambre des Pairs et la Chambre des Députés.

ART. 15.

La proposition des lois appartient au Roi, à la Chambre des Pairs et a la Chambre des Députés.

Néanmoins toute loi d'impôt doit être d'abord votée par la Chambre des Députés.

ART. 16.

Toute loi doit être discutée et votée librement par la majorité de chacune des deux Chambres.

ART. 17.

Si une proposition de loi a été rejetée par

l'un des trois pouvoirs, elle ne pourra être représentée dans la même session.

ART. 18.

Le Roi seul sanctionne et promulgue les lois.

Voyez les lois et ordonnances citées dans la note sur l'art. 22 de la Charte de 1814; *Lois d'instruction criminelle et pénales*, *par* MM. *Garnier Dubourgneuf* et *Chanoine*, page 290, et le Tableau des distances, pages 405 et 406 du même ouvrage.

ART. 19.

La liste civile est fixée pour toute la durée du règne par la première législature assemblée depuis l'avénement du Roi.

DE LA CHAMBRE DES PAIRS.

ART. 20.

La Chambre des Pairs est une portion essentielle de la puissance législative.

Voyez ordonnance du 4 juin 1814, et loi du 13 août suivant.

ART. 21.

Elle est convoquée par le Roi en même temps que la Chambre des Députés. La session de l'une commence et finit en même temps que celle de l'autre.

ART. 22.

Toute assemblée de la Chambre des Pairs qui serait tenue hors du temps de la session de la Chambre des Députés, est illicite et nulle de plein droit, sauf le seul cas où elle est réunie comme Cour de justice, et alors elle ne peut exercer que des fonctions judiciaires.

ART. 23.

La nomination des pairs de France appartient au Roi. Leur nombre est illimité : il peut en varier les dignités, les nommer à vie ou les rendre héréditaires, selon sa volonté.

Voyez ordonnances des 19 août 1815, 23 mars 1816, 25 et 31 août 1817, 6 avril et 3 juin 1830, et ci-après l'art. 68.

ART. 24.

Les pairs ont entrée dans la chambre à vingt-cinq ans, et voix délibérative à trente ans seulement.

Une ordonnance royale du 4 juin 1814 porte : « Conformément aux anciennes constitutions françaises *, aucun étranger ne pourra siéger, à compter de ce jour, ni dans la Chambre des Pairs, ni dans celle des Députés, à moins que, par d'importans services rendus à l'Etat, il n'ait obtenu de nous des lettres de naturalisation, vérifiées par les deux Chambres. » Il s'est élevé, dans la séance de la Chambre des Députés du 25 avril 1828, relativement à la vérification des lettres de naturalisation accordées au prince de Hohenlohe et au duc d'Aremberg, une discussion fort importante sur le droit d'examen que doit entraîner la vérification par les Chambres. (Voyez cette discussion, et surtout le discours très-remarquable de M. Dupin aîné, *Moniteur* du 27 avril 1830, page 506 et suivantes.)

ART. 25.

La Chambre des Pairs est présidée par le chancelier de France, et, en son absence, par un pair nommé par le Roi.

Depuis que M. le marquis de Pastoret a donné sa démission, il n'y a plus de chancelier de France. M. le baron Pasquier a été nommé président, et M. le baron Séguier vice-président de la Chambre des Pairs. (Ordonnances des 3 et 27 août 1830.)

ART. 26.

Les Princes du sang sont Pairs par droit

* Ordonnances des rois de France, relatives aux étrangers, notamment celles de 1386, de 1431, et celle de Blois, art. 4 (considérant de l'ordonnance).

de naissance : ils siégent immédiatement après le président.

ART. 27.

Les séances de la Chambre des Pairs sont publiques, comme celle de la Chambre des Députés.

L'article 38, relatif à la Chambre des Députés, est applicable à celle des Pairs, et elle peut aussi, sur la proposition de cinq membres, se former en comité secret. C'est ce qui résulte des explications qui ont eu lieu à la Chambre des Députés sur l'article 27, dans la séance du 7 août 1830 (*Moniteur* du 8), et ce qui paraît avoir été reconnu par la Chambre des Pairs, dans la séance du 2 mars 1831 (*Moniteur* du 3).

ART. 28.

La Chambre des Pairs connaît des crimes de haute trahison et des attentats à la sûreté de l'Etat, qui seront définis par la loi.

Aucune loi n'a déterminé la compétence de la Cour des Pairs, ni la forme de procéder devant elle ; il n'y a jusqu'à ce jour que des précédens. (Voy. la *Relation du procès des ex-ministres de Charles X* ; *De l'Autorité judiciaire en France*, par le président Henrion de Pansey, troisième édition, tome II, page 142 ; *Tableau politique de la*

Monarchie française, selon la Charte, par M. Mahul, page 301 et suivantes; la note sur l'art. 33 de la Charte de 1814; *Lois d'inst. crim. et pén.*; page 291.) M. le vicomte Lainé a développé, dans la séance de la Chambre des Pairs du 21 avril 1828, une proposition ayant pour but de régler la compétence de la Chambre des Pairs, et les formes à observer lorsqu'elle est réunie comme Cour de justice, qui avait été prise en considération. Son discours contenait l'historique de toutes les tentatives qui ont été faites depuis la promulgation de la Charte, pour l'exécution de l'article 33. (Voyez *le Moniteur* du 28 mai 1828, page 720, troisième colonne.)

ART. 29.

Aucun Pair ne peut être arrêté que de l'autorité de la Chambre [1], et jugé que par elle en matière criminelle [2].

[1] La Chambre des Pairs avait pris un arrêté portant qu'aucune contrainte par corps, en matière civile, ne pourrait être exercée qu'après avoir obtenu son autorisation; mais il était à remarquer que cet arrêté ne portait pas *défense de la prononcer*. La Chambre s'était uniquement réservé le droit d'en tempérer la rigueur. Cependant, ainsi que nous l'avons dit (note 1re, page 293 des *Lois d'instruction criminelle et pénales*), la Chambre, dans sa séance du 25 avril 1822, considérant que, d'après les articles 34 et 51 de la Charte constitutionnelle, et la nature des fonctions

des pairs, aucune contrainte par corps ne peut être exercée contre la personne d'un pair, *pour dettes purement civiles*, avait passé à l'ordre du jour sur deux pétitions qui lui avaient été présentées pour obtenir l'autorisation de faire exécuter des jugemens de contrainte par corps contre un de ses membres (*Moniteur* du 26 avril 1822, Recueil de M. Isambert, année 1822, *Supplément*, page 560). Depuis cette époque, la Chambre, tout en statuant sur des cas particuliers, avait toujours fait précéder ses décisions d'un considérant général, disposant que *la contrainte par corps ne pouvait s'exercer contre un pair en matière purement civile*. Le tribunal de commerce continuait, néanmoins, à prononcer des condamnations *par corps*; « Attendu, disait-il, qu'il n'existe aucune loi » qui défende aux tribunaux de prononcer la con- » trainte par corps contre les pairs de France, » lorsqu'ils ont souscrit des actes qui entraînent » cette contrainte, sauf, pour l'exécution de la con- » trainte, à se pourvoir devant la Chambre des » Pairs. » (*Gazette des Tribunaux* des 28 février et 1er août 1828, pages 452 et 1012.)

Après de nouvelles discussions, qui ont eu lieu dans les séances des 16 octobre et 4 décembre 1830, la Chambre des Pairs, sur le rapport de M. le comte Portalis, a pris l'arrêté suivant :

« Art. 1er. Toute personne qui aura obtenu » contre un Pair de France un jugement ou arrêt » prononçant la contrainte par corps, et qui vou- » dra requérir de la Chambre des Pairs l'autorisa- » tion nécessaire pour en procurer l'exécution,

» adressera sa demande au président de la Cham-» bre. Cette demande sera exposée dans un Mé-» moire.

» 2. Ce Mémoire contiendra l'énonciation du » fait, les causes de la condamnation, les noms, » qualités et domicile du demandeur et du pair » condamné, et la demande de son arrestation.

» 3. Devront être jointes au Mémoire, 1°. expé-» dition authentique du jugement ou de l'arrêt; » 2°. copie de la signification, avec commande-» ment du jugement ou arrêt qui a prononcé la » contrainte par corps.

» 4. Le président fera connaître à la Chambre » les conclusions du Mémoire, et il sera formé, » par la voie du sort, une commission spéciale de » sept membres pour l'examiner.

» 5. Sur le rapport de la commission, l'autori-» sation demandée sera accordée par la Chambre, » s'il y a lieu. »

Par suite de cette décision, la Chambre des Pairs a, dans la séance du 29 janvier 1831, accordé son *exequatur* aux jugemens rendus contre M. le vicomte Dubouchage, par le tribunal de commerce, et confirmé par la Cour royale de Paris *. Cette décision a été prise à la majorité de 79 voix contre 31. M. le comte Chaptal avait pro-

* « Avant de passer outre à l'examen du fond, disait M. le comte de Ségur, rapporteur de la commission chargée d'examiner la requête, la commission a dû discuter et résoudre une question préjudicielle fort importante, soulevée par M. Dubouchage lui-même, et qui a trouvé quelque appui dans le sein de la commission. Cette question, relative à la rétroactivité, tendait à faire déclarer l'impossibilité d'appliquer à des engagemens antérieurs au 4 décembre dernier, les

posé de décider que ses membres jouiraient du privilége accordé aux députés (art. 44), et ne pourraient être arrêtés pendant les sessions, ni pendant les six semaines qui les précèdent et qui les suivent. M. le comte Molé a fait observer que, si la Chambre adoptait cette proposition, elle cumulerait le privilége que la Charte accorde aux députés avec celui qu'elle lui concède. (*Moniteur* des 27 et 30 janvier 1831; *Gazette des Tribunaux* des 27 et 31 janvier 1831, pages 293 et 312. Voyez aussi MM. Henrion de Pansey, *Traité des Pairs de France*, page 77; Carnot, *De l'Instruction criminelle*, tome 3, page 659, 2e édition;

effets de l'arrêté adopté ce même jour par la Chambre. Cette opinion était fondée sur les décisions antérieures de la Chambre, qui, tout en statuant sur des cas particuliers, avait toujours, depuis le 25 avril 1822, fait précéder ses décisions d'un considérant général, disposant que *la contrainte par corps ne pouvait s'exercer contre un pair, en matière purement civile*. M. Dubouchage alléguait qu'il n'aurait pas signé de lettres de change, s'il n'eût pas connu la jurisprudence de la Chambre, et qu'il avait cru contracter seulement les engagemens d'une obligation civile. Il insistait particulièrement sur ce que la même pétition, soumise en ce moment à votre délibération, ayant été déjà, le 13 mai 1829, écartée par l'ordre du jour, précédé du considérant de 1822, il y aurait rétroactivité évidente à rendre aujourd'hui une décision basée sur les nouveaux principes, admis le 4 décembre. Votre commission a senti, Messieurs, tout ce qu'avait de spécieux cette dernière objection; elle a donné lieu à une discussion d'autant plus approfondie que de sa solution devait résulter la liberté ou l'incarcération d'un des membres de la Chambre. Les opinions n'ont pas été unanimes, et deux membres de la commission ont pensé que les décisions diverses rendues par la Chambre, et basées toutes sur le considérant général que j'ai cité plus haut, formaient une jurisprudence constante, qui, dans l'espèce particulière, constituait, en faveur de M. Dubouchage, une sorte de droit acquis.

» La majorité de la commission aurait peut-être été amenée à partager cette opinion, si elle n'avait pas trouvé dans ce

Mahul, *Tableau de la Constitution politique de la Monarchie française*, page 296.)

[2] Ajoutez : *correctionnelle et de police*. (Voyez la *Relation du procès de M. le comte de Kergolay*, condamné par arrêt de la Cour des Pairs, du 24 novembre 1830, à six mois d'emprisonnement et 50 francs d'amende, pour s'être rendu coupable d'excitation à la haine et au mépris du gouvernement du Roi et d'offense envers la personne du Roi ; *Gazette des Tribunaux* des 23, 24 et 25 novembre 1830, et *Jurisp. générale du Royaume*, par Dalloz, 1831, 2. 13.)

Le cas de *flagrant délit* ne paraît pas même de-

même considérant les motifs d'une conclusion opposée. Elle s'est convaincue, en effet, que l'opinion de la rétroactivité ne pouvait se soutenir qu'en regardant comme des jugemens les décisions rendues par la Chambre sur cette matière, ce qui leur donnerait la force de la chose jugée. Elle n'a pas pu admettre ce système, en examinant surtout les motifs du considérant, qui, étant tout politique, confondent nécessairement les décisions de ce genre avec celles que la Chambre a pu rendre sur d'autres matières par des motifs politiques variables comme les majorités qui les adoptent. Elle a examiné le rôle que la Chambre est appelée à jouer, quand on lui demande l'*exequatur* pour l'arrestation d'un de ses membres, condamné à la prise par corps pour signature de lettres de change.

» Elle a recherché si alors la Chambre intervient comme tribunal, ou si, au contraire, elle procède à titre politique ; elle est restée convaincue que la Chambre ne pouvait intervenir comme tribunal, puisqu'elle n'est appelée à remplir aucune fonction judiciaire, et qu'au contraire elle n'est appelée à prononcer que comme pouvoir politique, en considération de ses convenances, et en vue de l'intérêt public, en usant du privilége que lui accorde le législateur. Elle n'a pu voir, enfin, dans les délibérations de la Chambre sur cette matière, que des décisions provoquées, il est vrai, par des cas particuliers, mais toujours motivées sur des considérations politiques et générales. La commission a donc été d'avis qu'il n'y aurait pas rétroactivité dans l'espèce actuelle. »

voir être excepté du privilége judiciaire des pairs de France. L'article 29 ne contient aucune restriction, tandis que l'article 44 fait, à l'égard des députés, une exception dans le cas de flagrant délit : *Qui de uno dicit, de altero negat.*

DE LA CHAMBRE DES DÉPUTÉS.

ART. 30.

La Chambre des Députés sera composée des Députés élus par les colléges électoraux dont l'organisation sera déterminée par des lois.

Voyez la loi du 19 avril 1831.

ART. 31.

Les Députés sont élus pour cinq ans.

ART. 32.

Aucun Député ne peut être admis dans la Chambre s'il n'est âgé de trente ans, et s'il ne réunit les autres conditions déterminées par la loi.

ART. 33.

Si néanmoins il ne se trouvait pas dans le département cinquante personnes de l'âge indiqué payant le cens d'éligibilité déterminé par la loi, leur nombre sera complété par les plus imposés au-dessous du taux de ce cens, et ceux-ci pourront être élus concurremment avec les premiers.

ART. 34.

Nul n'est électeur, s'il a moins de vingt-cinq ans [1], et s'il ne réunit les autres conditions déterminées par la loi [2].

[1] Ainsi, l'on est électeur à vingt-cinq ans, et l'on ne peut être juré qu'à trente (Code d'inst. crimin., art. 381).

[2] Voyez la loi du 19 avril 1831.

ART. 35.

Les présidens des colléges électoraux sont nommés par les électeurs.

ART. 36.

La moitié au moins des députés sera choisie parmi les éligibles qui ont leur domicile politique dans le département.

ART. 37.

Le président de la Chambre des Députés est élu par elle à l'ouverture de chaque session.

ART. 38.

Les séances de la Chambre sont publiques; mais la demande de cinq membres suffit pour qu'elle se forme en comité secret.

ART. 39.

La chambre se partage en bureaux pour discuter les projets qui lui ont été présentés de la part du Roi.

ART. 40.

Aucun impôt ne peut être établi ni perçu, s'il n'a été consenti par les deux Chambres et sanctionné par le Roi.

ART. 41.

L'impôt foncier n'est consenti que pour un an. Les impositions indirectes peuvent l'être pour plusieurs années.

ART. 42.

Le Roi convoque chaque année les deux Chambres : il les proroge, et peut dissoudre celle des Députés; mais, dans ce cas, il doit en convoquer une nouvelle dans le délai de trois mois.

ART. 43.

Aucune contrainte par corps ne peut être exercée contre un membre de la Chambre durant la session et dans les six semaines qui l'auront précédée ou suivie.

ART. 44.

Aucun membre de la Chambre ne peut, pendant la durée de la session, être poursuivi ni arrêté en matière criminelle, sauf le cas de flagrant délit, qu'après que la Chambre a permis sa poursuite.

Ajoutez : *correctionnelle et de police*. Voyez ci-dessus, les notes sur l'art. 29.

ART. 45.

Toute pétition à l'une ou à l'autre des Chambres ne peut être faite et présentée que par écrit; la loi interdit d'en apporter en personne à la barre.

DES MINISTRES *.

ART. 46.

Les Ministres peuvent être membres de la Chambre des Pairs ou de la Chambre des Députés.

Ils ont en outre leur entrée dans l'une ou l'autre Chambre, et doivent être entendus quand ils le demandent.

ART. 47.

La Chambre des Députés a le droit d'ac-

* Une ordonnance du Roi, du 13 août 1830, supprime la qualification de *Monseigneur*, donnée aux ministres.

cuser les Ministres et de les traduire devant la Chambre des Pairs, qui seule a celui de les juger.

Voyez la *Relation du Procès des ex-ministres de Charles X*, condamnés par la Chambre des Pairs en décembre 1830.

DE L'ORDRE JUDICIAIRE.

ART. 48.

Toute justice émane du Roi; elle s'administre en son nom par des juges qu'il nomme et qu'il institue.

« Ainsi, dit M. le président Henrion de Pansey (*De l'Autorité judiciaire en France*, t. 1, p. 193, 3e édition), la justice émane du Roi, mais il n'en est pas l'organe; elle s'administre en son nom, mais il n'en est pas l'administrateur; il en est la source, mais les justiciables ne la reçoivent pas immédiatement de lui : elle ne peut se répandre sur eux que par des canaux intermédiaires. En un mot, la justice ne peut être rendue que par des hommes auxquels le Roi confère le caractère de juge, et la loi le privilége de l'inamovibilité. »

« La maxime que *toute justice émane du Roi*, disait M. le procureur-général Dupin, à l'audience de rentrée de la Cour de cassation, du 3 novembre 1830 (*Gazette des Tribunaux* du 4), n'a été introduite par nos pères qu'en haine des juridictions féodales et des tyrannies particulières, afin de lui imprimer ce caractère de généralité sur les personnes et sur les choses qui fait sa grandeur et qui constitue la véritable souveraineté. Le juge, comme le Roi lui-même, doit donc s'élever au-dessus des passions du vulgaire.»

Suivant M. Meyer (*Esprit, origine et progrès des Institutions judiciaires des principaux pays de l'Europe,* tome 1, page 358), «la maxime *toute justice émane du Roi*, dans l'acception qu'on a souvent voulu lui donner *, est aussi fausse historiquement qu'en droit public, et il est étonnant que M. Bérenger (*De la Justice criminelle en France,* titre Ier, chap. 1, § 11, page 13 et suiv.), n'ait pas mieux relevé cette erreur. Toute justice, comme toute loi émane du Roi, *formellement;* mais, *matériellement*, c'est-à-dire pour le fond, elle est aussi essentiellement du ressort de l'autorité judicaire, que la loi est du ressort de l'autorité législative.» Voyez aussi Montesquieu,

* C'est en ce sens que l'entendait Charles X, lorsqu'il répondait au président du tribunal de première instance de Strasbourg, qui l'avait harangué au nom de sa compagnie : «Le plus beau droit de la royauté est celui de rendre la justice à ses sujets. Ne pouvant pas tout par moi-même, je suis obligé de la déléguer dans vos mains : jugez, d'après cela, de l'importance de vos devoirs.» (*Moniteur* du 11 septembre 1828, page 1440.) Au président du tribunal de Troyes : «J'aime à penser que des magistrats investis de *mon autorité* remplissent, dans toute leur étendue, des devoirs si importans.» (*Moniteur* du 29 septembre 1828, page 1479.) Aussi avait-il dit, dans le serment du sacre, le 29 mai 1825 : «En présence de Dieu, je promets à *mon peuple*.... *de rendre bonne justice à tous mes sujets*....,» comme si nous eussions encore été au temps où saint Louis faisait l'office de juge sous le chêne de Vincennes!

Esprit des Lois, Livre VI, chapitre 5; Rœderer, *Louis XII et François Ier*, tome 1, page 219; Lanjuinais, *Constitutions de la nation française*, tome 1, page 295; d'Eyraud, *De l'Administration de la justice*, tome 1, page 27, 2e édition; Isambert, *Lois et Ordonnances du royaume*, année 1814, page 54.—Bentham n'est pas d'avis que la justice soit rendue au nom du Roi. « Dans la stricte exactitude, dit-il, un acte judiciaire devrait porter le nom de celui qui le fait, comme les actes d'un gouverneur, d'un commandant, d'un général d'armée.... Mais si vous croyez donner plus de solennité aux actes judiciaires en jetant comme un voile sur la personne du juge, n'employez pas cette formule insignifiante : *De par le Roi*; dites noblement : *De par la Justice.* » (*De l'Organisation judiciaire et de la codification*, p. 16.) Voyez, dans *le Globe*, t. 8, n° 88, p. 645, un article dans lequel cette opinion est rapportée. L'auteur pense que ce que dit Bentham est logiquement vrai, mais que, dans une monarchie constitutionnelle, on a pu, par respect pour les traditions historiques, proclamer que la justice serait rendue au nom du Roi, sans renoncer au principe de l'omnipotence absolue de la loi.

ART. 49.

Les juges nommés par le Roi sont inamovibles.

ART. 50.

Les cours et tribunaux ordinaires actuellement existans sont maintenus; il n'y sera rien changé qu'en vertu d'une loi.

M. Duris-Dufresne avait proposé à la Chambre des Députés la disposition suivante : « La magistrature française sera soumise à une organisation nouvelle, » qui a été écartée par la question préalable. MM. Brigode, Mauguin et Salverte ont vainement essayé de la représenter ; elle a été de nouveau rejetée, après une discussion fort animée. (Voyez *le Moniteur* du 8 août 1830.) Cette décision a donné lieu à beaucoup de réclamations, mais que de dénonciations elle a empêchées !

ART. 51.

L'institution actuelle des juges de commerce est conservée.

ART. 52.

La justice de paix est également conservée. Les juges de paix, quoique nommés par le Roi, ne sont point inamovibles.

ART. 53.

Nul ne pourra être distrait de ses juges naturels.

ART. 54.

Il ne pourra en conséquence être créé de commissions et de tribunaux extraordinaires, à quelque titre et sous quelque dénomination que ce puisse être.

Voyez l'ordonnance du Roi, du 12 novembre 1830, relative au rétablissement du jury en Corse.

ART. 55.

Les débats seront publics en matière criminelle [1] à moins que cette publicité ne soit dangereuse pour l'ordre et les mœurs [2]; et, dans ce cas, le tribunal le déclare par un jugement [3].

[1] Ajoutez : *correctionnelle et de police*. Voy. la note 3, page 294 des *Lois d'instruction criminelle et pénales*, ou *Appeudice aux Codes criminels*.

[2] L'esprit de cet article est évidemment que tout ce que la Cour d'assises estime devoir être dangereux pour les mœurs peut lui servir de motif pour ordonner le *huis-clos*. Elle a donc le droit de prescrire cette mesure même avant la lecture de l'acte d'accusation (Arrêt cass. 27 juin 1828, *Gazette* du 28, page 8[illegible]3). Un autre arrêt du 10 janvier 1823 a décidé que le *huis-clos* pouvait être ordonné immédiatement après la prestation de serment du jury.

[3] Dans toutes les affaires où un *huis-clos* aura été ordonné, les journaux ne pourront, à peine de 2,000 francs d'amende, publier que le prononcé du jugement. (Loi du 18 juillet 1828, art. 16.)

Voyez, sur la question de savoir si les avocats en costume ont le droit d'assister aux débats des affaires plaidées à *huis-clos*, la *Gazette des Tribunaux*, n° 673, page 1456. L'usage varie dans chaque ressort. La Cour royale de Paris ne les admet pas. La Chambre des appels de police correctionnelle a décidé, le 20 mai, sur les conclusions conformes du ministère public, que leur présence est une pure concession qui dépend du pouvoir discrétionnaire du président (*Gazette des Tribunaux* du 21, page 736).

ART. 56.

L'institution des jurés est conservée. Les changemens qu'une plus longue expérience ferait juger nécessaires, ne peuvent être affectués que par une loi.

Voyez les lois des 2 mai 1827, *Ier Supplément* aux *Lois d'instruct. crimin. et pén.*, page 11; 2 juillet 1828, *IIe Supplément*, page 43, et loi du 4 mars 1831.

ART. 57.

La peine de la confiscation des biens est abolie et ne pourra pas être rétablie.

ART. 58.

Le Roi a le droit de faire grâce et celui de commuer les peines.

ART. 59.

Le Code civil et les lois actuellement existantes qui ne sont pas contraires à la présente Charte, restent en vigueur jusqu'à ce qu'il y soit légalement dérogé.

DROITS PARTICULIERS GARANTIS PAR L'ÉTAT.

ART. 60.

Les militaires en activité de service, les officiers et soldats en retraite, les veuves, les officiers et soldats pensionnés, conserveront leurs grades, honneurs et pensions.

Voyez ordonnance du 14 juillet 1815; loi du 12 janvier 1816.

ART. 61.

La dette publique est garantie. Toute espèce d'engagement pris par l'Etat avec ses créanciers est inviolable.

ART. 62.

La noblesse ancienne reprend ses titres, la nouvelle conserve les siens. Le Roi fait des nobles à volonté; mais il ne leur accorde que des rangs et des honneurs, sans aucune exemption des charges et des devoirs de la société.

ART. 63.

La Légion-d'honneur est maintenue. Le Roi déterminera les réglemens intérieurs et la décoration.

ART. 64.

Les colonies sont régies par des lois particulières.

Voyez les ordonnances des 29 juin 1814, 7 janvier 1822, 30 septembre 1827, 31 août, 2. 19 et 29 octobre 1828; 23 août, 7 septembre 1830; la décision royale du 28 septembre 1830; l'ordonnance du Roi et le rapport du ministre de la marine, du 24 février 1831 (*Moniteur* du 28); l'ordonnance du Roi et le rapport du ministre de la marine, du 1er mars 1831 (*Moniteur* du 3); les arrêtés des gouverneurs de la Martinique et de la Guadeloupe (*Moniteur* du 11 janvier 830).

ART. 65.

Le Roi et ses successeurs jureront à leur avénement, en présence des Chambres réunies, d'observer fidèlement la Charte constitutionnelle.

ART. 66.

La présente Charte et tous les droits qu'elle consacre demeurent confiés au patriotisme et au courage des gardes nationales et de tous les citoyens français.

La Constitution du 3 septembre 1791 se terminait par un article dans lequel se trouvait le paragaphe suivant : « L'Assemblée constituante en remet le dépôt à la fidélité du Corps législatif, du Roi et des juges ; à la vigilance des pères de famille, aux épouses et aux mères; à l'affection des jeunes citoyens, au courage de tous les Français. »

La loi du 15 mars 1815 portait aussi, art. 40 :

« Le dépôt de la Charte constitutionnelle et de la liberté publique est confié à la fidélité et au courage de l'armée, des gardes nationales, et de tous les citoyens. »

ART. 67.

La France reprend ses couleurs. A l'avenir, il ne sera plus porté d'autre cocarde que la cocarde tricolore.

DISPOSITIONS PARTICULIÈRES.

ART. 68.

Toutes les nominations et créations nouvelles de pairs faites sous le règne du Roi *Charles X* sont déclarées nulles et non avenues.

L'article 23 de la Charte sera soumis à un nouvel examen dans la session de 1831.

ART. 69.

Il sera pourvu successivement par des lois séparées et dans le plus court délai possible aux objets qui suivent :

1°. L'application du jury aux délits de la presse et aux délits politiques.

Voyez les lois des 8 août et 29 novembre et 1830, et 4 mars 1831.

2°. La responsabilité des ministres et des autres agens du pouvoir;

3°. La réélection des députés promus à des fonctions publiques salariées;

Voyez la loi du 12 septembre 1830.

4°. Le vote annuel du contingent de l'armée;

5°. L'organisation de la garde nationale, avec intervention des gardes nationaux dans le choix de leurs officiers;

Voyez la loi du 22 mars 1831.

6°. Des dispositions qui assurent d'une manière légale l'état des officiers de tous grades de terre et de mer;

Voyez la loi des 30 mars et 11 avril 1831.

7°. Des institutions départementales et municipales fondées sur un système électif;

Voyez la loi du 21 mars 1831.

8°. L'institution publique et la liberté de l'enseignement;

9°. L'abolition du double vote et la fixation des conditions électorales et d'éligibilité.

Voyez la loi du 19 avril 1831.

ART. 70.

Toutes les lois et ordonnances en ce qu'elles ont de contraire aux dispositions adoptées pour la réforme de la Charte sont dès à présent et demeurent annulées et abrogées.

Donnons en mandement à nos Cours et Tribunaux, Corps administratifs, et tous autres, que la présente Charte constitutionnelle ils gardent et maintiennent, fassent garder, observer et maintenir, et, pour la rendre plus notoire à tous, ils la fassent publier dans toutes les municipalités du Royaume, et partout où besoin sera; et, afin que ce soit chose ferme et stable à toujours, nous y avons fait mettre notre sceau.

Fait au Palais-Royal, à Paris, le 14e jour du mois d'août, l'an 1830.

FIN.

OUVRAGES RÉCEMMENT PUBLIÉS

QUI SE TROUVENT AUX MÊMES ADRESSES :

LA SCIENCE DU BONHOMME RICHARD, suivie de l'HISTOIRE DU SIFFLET, par B. FRANKLIN, imprimeur américain, et du TESTAMENT DE FORTUNÉ RICARD, maître d'arithmétique, par MATHON DE LA COUR. Nouvelle édition, augmentée de Notices, de Réflexions et de Notes sur le Monopole de l'Imprimerie; par ERASME K....., typographe, 1 vol. in-32 de 128 pages, orné d'un beau portrait de Franklin. Prix, en papier grand raisin, portrait avant la lettre, 50 c.

— En papier vélin grand raisin superfin, portrait des premières épreuves, 1 fr.

— En papiers de couleurs grand raisin tricolores, avec portrait, 3 fr.

Tout ami de l'humanité doit désirer que cet ouvrage soit dans les mains de quiconque sait lire.

RÉFLEXIONS SUR LE BONHEUR DES SOTS, par NECKER, précédées d'une Notice sur sa vie. In-8° très-soigné. Prix, 50 c.

PRÉCIS DE L'HISTOIRE DE LA RÉVOLUTION FRANÇAISE, par RABAUT-SAINT-ÉTIENNE, précédé d'une Notice sur la vie de l'auteur, par BOISSY-D'ANGLAS, pair de France. Nouvelle édition, dédiée au général LAFAYETTE. 1 gros vol. in-8° orné de trois beaux portraits. Prix, en papier fin, 5 fr. — En papier vélin satiné, 10 fr.

Le même ouvrage, 1 vol. in-18 orné de portraits. Prix, 3 fr.

— En papier vélin satiné, cartonné à la Bradel, 6 fr.

DISCOURS ET OPINIONS prononcés ou écrits par *Rabaut*, depuis 1789 jusqu'à sa mort; 1 vol. in-8° orné de portraits, 6 fr.

Les mêmes, 2 vol. in-18, avec portraits, 4 fr.

— En papier vélin, cartonnés à la Bradel, 7 fr.

LETTRES A BAILLY, SUR L'HISTOIRE PRIMITIVE DE LA GRÈCE, par le même, 1 gros vol. in-18, 3 fr.

— En pap. vélin, cartonné à la Bradel, 6 fr.

DISCOURS ET OPINIONS DE MIRABEAU, surnommé le *Démosthènes français*, précédés d'une Notice sur sa vie, par Me *Barthe*, avocat (actuellement ministre de la justice); 3 vol. in-8° ornés du portrait de l'auteur et d'un *fac simile* de son écriture. Prix, en papier fin, 9 fr.

— En papier vélin satiné, cartonné à la Bradel, 28 fr.

DOCTRINE SOCIALE, ou Principes universels des Lois et des Rapports de peuple à peuple, déduits de la nature de l'homme et des droits du genre humain; par le publiciste *Bonnin*, auteur des *Principes d'administration*, etc. etc. In-8° de 212 pages (devenu rare), 4 fr.

Cet ouvrage a été traduit en espagnol en 1822. La même année les Cortès de Portugal en ordonnèrent la traduction et l'impression.

LES ÉTUDES LÉGISLATIVES, suivies de l'Ordre et de la Culture des Connaissances humaines; par le même; 1 gros vol. in-12. Prix 4 fr.

Il reste peu d'exemplaires de cet ouvrage.

LETTRES SUR L'ÉDUCATION, écrites dans sa prison, pour l'éducation de sa Fille; par le même; 1 vol. in-12 orné d'un portrait. 4 fr.

ÉLÉMENS DE LA GRAMMAIRE FRANÇAISE, par *Lhomond*. In-12, imprimé sur bon papier collé. Prix 40 c.

—Cartonné, dos en parchemin, 60 c.

DE L'IMPRIMERIE DE KLEFER, A COULOMMIERS.

...uites. *Elle sera tirée à petit nombre d'exemplaires, sur papier gra... raisin fabriqué exprès. Les amateurs qui désireraient en avoir sur p... de vélin peuvent écrire à l'éditeur.*

Dès 1819, époque où il se chargea de surveiller l'impression de... Sainte Bible de Legros (Paris, Desoer), *plusieurs Libraires de la ca... tale l'engageaient à leur imprimer un ouvrage dans lequel il n'y eût au... mot coupé; la crainte de ne pas réussir à bien faire ce travail l'av... toujours fait différer : il vient enfin d'exécuter, pour son compte, ... qu'il n'avait osé entreprendre pour autrui. Les amateurs de l'art typ... graphique et d'éditions soignées jugeront s'il a heureusement surmo... les difficultés qui se présentaient à chaque instant, puisqu'il fallait n... seulement respecter le style, mais aussi l'orthographe et la ponctuati... Son choix, parmi nos chefs-d'œuvre, s'est porté sur le* Petit Carêm... *Buffon disait* que c'était le livre le mieux écrit qui existât dans la lang... française, et que Massillon était le plus parfait de nos orateurs.

LES SAISONS, poëme; par Saint-Lambert, précédées d'une notice s... la vie de l'auteur. 1 vol. in-18 tiré sur le même papier que celui ... *Petit Carême*, et orné de portraits.

Dans l'espoir de faire à peu de frais de belles éditions, l'éditeur Kleff... s'est associé avec un imprimeur fixé à quinze lieues de la capitale. Les pe... sonnes qui voudront lui confier l'impression de quelque ouvrage, sont prié... de lui écrire à l'imprimerie de Coulommiers, ou à Paris, rue d'Enfer-Sain... Michel, n° 2. Sa position lui permet de travailler à des prix très-modérés.

IMPRIMERIE DE BRODARD, A COULOMMIERS.

www.ingramcontent.com/pod-product-compliance
Ingram Content Group UK Ltd.
Pitfield, Milton Keynes, MK11 3LW, UK
UKHW022025170726
13837UKWH00001B/397

9 782329 260013